U0348868

商业模式的经济解释

深度解构商业模式密码

|典藏版|

魏炜 朱武祥 林桂平 ／著

机械工业出版社
CHINA MACHINE PRESS

图书在版编目（CIP）数据

商业模式的经济解释：深度解构商业模式密码：典藏版/魏炜，朱武祥，林桂平
著. —北京：机械工业出版社，2024. 1
ISBN 978-7-111-74693-5

I. ①商⋯　II. ①魏⋯ ②朱⋯ ③林⋯　III. ①企业管理 – 商业模式 – 研究　IV. ①F272

中国国家版本馆 CIP 数据核字（2024）第 002922 号

机械工业出版社（北京市百万庄大街 22 号　邮政编码 100037）
策划编辑：孟宪勐　　责任编辑：孟宪勐
责任校对：樊钟英　　责任印制：郜　敏
三河市宏达印刷有限公司印刷
2024 年 5 月第 1 版第 1 次印刷
170mm×230mm · 14.25 印张 · 3 插页 · 179 千字
标准书号：ISBN 978-7-111-74693-5
定价：99.00 元

电话服务　　　　　　　　网络服务
客服电话：010-88361066　机 工 官 网 ：www. cmpbook. com
　　　　　010-88379833　机 工 官 博 ：weibo. com/cmp1952
　　　　　010-68326294　金 书 网 ：www. golden-book. com
封底无防伪标均为盗版　机工教育服务网 ：www. cmpedu. com

再回首，商业模式探索之旅

2004年一个偶然的机会，我们发现"商业模式"是一个可以令所有企业家兴奋的话题，从此开始了商业模式探索之旅。一开始，我们发现关于商业模式的概念和理论非常混乱，万般无奈之下采取了一个折中的处理办法：一方面，把当时能找到的30余个商业模式概念打印出来，放在办公桌旁，有事没事常念念；另一方面，直接寻找那些有趣的商业模式案例，然后把它们讲给周围的企业家听，以至于现在，几乎每天都有几个甚至十几个企业家要求见面交流。

持续且巨大的需求（过去30年，中国企业家对某个管理理论的持续关注时间，从来没有超过3年！）激励和逼迫我们不断思考：什么模式是好的商业模式，如何设计出一个好的商业模式？功夫不负有心人。两年多后的某一天，我们两人的脑中几乎同时跳出了一个非常有共鸣的"商业模式的定义"：利益相关者的交易结构！很快，"六要素商业模式"模型便诞生了。

非常幸运的是，2006年年底我们又遇到了《创富志》的主编张信东。在他更高要求的"鞭策"下，我们连续七年一期都没落下地写出了诸多商业模式案例，总结并提炼出了各种商业模式理论所需要的构件。

理论建设是痛苦的。我们要学会"无中生有"，建立自己最擅长的阵地。这既需要一整套逻辑一致的概念，又需要能对各种已知和未知的商业模式进行分类，还需要有分析、解释这些概念和分类之间"因果关系"的能力。尤其当我们发现，数百年前植物学家和动物学家就能把地球上数十万种物种妥妥地分类的时候，偶尔心中也会不由得觉得自己很渺小。但大部分时候，我们能想到的还是愚公移山的故事：只要不停地写，老天总会派人来帮你们这帮人的！

在写作过程中，我们发现商业模式是不分行业的。在一个行业可以成功的商业模式，放在另外一个行业照样可以创造辉煌。我们还发现，同一个行业也可以有很不一样的商业模式，甚至对战略管理中的一个定律进行猜想：一个行业最后仅会剩下三五家垄断型的大企业，本质上这几家企业的商业模式是否肯定是不一样的？

我们发现一家企业的商业模式是不断变化的，有渐变的，也有突变的。我们把渐变的叫作演化，把突变的叫作重构，并写了一本与《发现商业模式》同样畅销的《重构商业模式》。

我们还发现"技术"真的很需要"商业模式"的帮助。同样一项技术，可以在非常不一样的商业模式下运用，相应的企业绩效也许都很不错，但一定有一个能令企业价值最大化的商业模式。反过来，一个好的商业模式也可以引领技术的发展方向，就像美国的很多创新技术都是由商业模式引领的一样。

我们发现商业模式和企业战略是两个不同的概念：同一个商业模式可以用很不一样的战略来驾驭，同一个战略也可以用很不一样的商业模式来实现。我们发现任何组织都是有商业模式的：营利性公司有商业模式，慈善和公益等非营利组织有商业模式，政府组织也有商业模式，甚至个人都有商业模式。我们的《慈善的商业模式》一书，可能是世界上第一本讲公益组织商业模式的图书。

我们还发现同一个行业内，企业的商业模式可以不一样，它们之间同样存在竞争。不是"同物种"间的竞争，而是"不同物种"间的竞争，或由"不同物种"间的竞争演变为"同物种"间的竞争。

在写作过程中，我们还发现商业模式是一个全息结构，商业模式模型的每个要素——定位、业务系统、盈利模式、关键资源能力、企业价值都包含整体的完整信息。这也成了《商业模式的经济解释》一书的主题。当"商业生态"这个词开始流行的时候，我们又发现在商业生态系统（以焦点企业为中心的持续交易的利益相关者形成的聚合体）和商业模式之间还有一个非常重要的对象：共生体，即持续交易的利益相关者和其扮演的角色的集合。一个个相同或不同的共生体（生态系统）的实例组成了行业生态，不同的行业生态又组成了纷繁复杂的商业生态。

转了一大圈，我们发现原来商业模式可以像物理学、几何学和工程学一样来研究。例如，从事某个业务活动的主体是角色，角色类似于原子，共生体类似于分子，角色相同、角色的交易关系不同的共生体与分子中的同分异构体竟然是相同的！商业模式的三大定律、三大原理、六大定理也写在了2014年首次出版的《商业模式的经济解释Ⅱ》一书中！

在与众多专家、学者和企业交流商业模式的过程中，我们还发现很多差异化的商业模式都来源于盈利模式，也就是收支来源和收支方式的不同。以往我们对定价的认知仅仅是"由供需决定价格高低"这一个维度，现在我们突然发现从商业模式视角看价格，实际上还有另外三个维度：反映收支来源的定向、反映收支方式的定性、反映现金流结构的定时。这三个维度的确定取决于交易价值、交易成本和交易风险决定的价值增值，而并非取决于供需。当我们发现了收支来源和收支方式的完整理论后，中文版《透析盈利模式》就这样出版了。

众所周知，商业模式概念是从战略管理理论中分化出来的，战略、商业模式、共生体三者之间是什么关系？《超越战略：商业模式视角下的竞争优势构建》就试图回答这个问题。我们发现战略是站在企业边界做的决定企业竞争优势的选择，商业模式是站在商业生态系统边界做的决定企业竞争优势的选择，而共生体是站在行业生态系统群的视角做的决定企业竞争优势的选择！一旦看到了这样的图景，能全面、深度、透彻刻画和分析行业竞争格局的三度空间、能区分决策范围的焦点思维和格局思维等概念就产生了。基于此概念的企业（顶层）设计理论随之也能顺理成章地完善起来。

展望未来，一座宏大的商业模式建筑群已经冉冉升起……就在那里！

19 年过去了，蓦然回首，身后的商业模式生态建设工地上早已灯火通明，四处立满了脚手架，主体也已建起了大半。令人欣喜的是，队伍中不但一个人也没落下，而且还增加了很多。向前看，更让人激动不已的是，已经有好几路队伍前来帮忙了！哈，曾经的海市蜃楼就要变成现实了，感恩！

魏炜

2023 年 11 月 1 日

商业模式的三把标尺

这是一本令人兴奋的书。

许多精彩的商业模式是怎么设计出来的呢？答案往往归结为企业家的独特经验和灵感，这使得商业模式的设计变得非常神秘。那么，商业模式的设计有没有规律或方法可循呢？

本书提出了一套商业模式设计的工具，使商业模式的设计有了衡量的标准，也使商业模式的内在逻辑清晰可见。

既然魏炜、朱武祥两位教授首先把商业模式定义为"利益相关者的交易结构"，那么哪些"利益相关者"应该被设计进来？又该采用什么样的"交易结构"呢？本书提出了三把标尺：交易价值、交易成本、交易风险。

这套工具是如何发生作用的呢？

我们可以这样设想，在一个以你的企业为焦点的商业模式中，交织着各种"利益相关者"——可能是你的顾客、供应商、合作伙伴、经销商等，他们之间通过各种"交易结构"联系在一起，这形成了一个稳定的商业模式。

但是，正如彼得·德鲁克所说，当今企业之间的竞争，不是产品之间的竞争，而是商业模式之间的竞争。一个稳定的商业模式经常会遇到挑战，为了获得竞争优势，企业家不得不重新设计商业模式，为自己创造更有利的商业生态环境。

如果重新设计一个商业模式，你的思路可以是这样的：引入新的利益相关者，并随之改变交易结构。

这样做之后，你可能会提升整个商业模式所创造的价值——交易价值，但同时也可能会增加整个商业模式的交易成本。为了降低交易成本，你所采取的措施又可能会带来新的交易风险。而为了降低交易风险，你可能又要引入新的利益相关者，或者调整交易结构。

这样不断调整，就是商业模式设计的过程，最终形成一个新的、相对稳定的商业模式。

在这个过程中，因为有了交易价值、交易成本和交易风险这三把标尺，商业模式的设计思路变得更加清晰。在本书里，我们将会读到许多精彩的商业模式设计案例，其最终目的就是实现"商业模式价值"的最大化。

循着这样一个思路，整个商业模式的内在逻辑也逐次展现在我们面前。魏炜、朱武祥两位教授曾提出商业模式的六要素——业务系统、定位、盈利模式、关键资源能力、现金流结构和企业价值，如果用这三把标尺来看，实际上是从不同的侧面解释了"利益相关者的交易结构"。

其中，我最感兴趣的一个概念是：切割、重组。

在一个商业模式中，各方的交易之所以能够发生，就是因为相互之间在资源能力上可以互补。一些资源能力在甲方发挥不了作用，在乙方却可以创造新的价值。把相同的资源能力配置给不同的利益相关者，所产生的交易价值、付出的交易成本或承担的交易风险，都可能完全不同。既然如此，将资源进行更细致的切割，并在商业模式系统内重新配置，就会提升整个商业模式的价值。无论是利益相关者，还是资源能力以及收益价值环节，都可以进行切割、重组。

这会不会很复杂？确实复杂，但因为有了前文所述的三个衡量标准，问题就简单了许多。复杂的事的解决方法却有可能很简单，这就是本书最有趣的地方。

任何一门学科的发展都有一个过程，商业模式虽然越来越受关注，但尚未成为公认的学科。令人吃惊的是，魏炜和朱武祥两位教授在这方面研究的进展竟然如此之快。

我是个很幸运的人，在我创办一本关于商业模式的杂志之始，就与两位教授相识，我们几乎在同一时间对商业模式发生了浓厚的兴趣。近五年过去了，两位教授在《创富志》开办的"商业模式"专栏，被企业界和投资界热情关注。而他们对商业模式所提出的创造性的定义，至今已被各界广泛接受，特别是我目睹了它帮助许多企业家完成了自己商业模式的创新，这真是一件非常了不起的事。

如果你经营一家企业，我推荐你阅读本书，相信其中的精彩之处一定会让你兴奋不已。

张信东

《创富志》杂志出版人

解释的背后

　　本书在逻辑上推进商业模式的研究，从定义、功能、要素内在自洽逻辑、设计等环节进行拓展，是集大成之作。本书清晰地阐述了商业模式本质及其核心要素自洽的逻辑，拨开笼罩在缤纷世界中多样商业模式上的层层迷雾，使商业模式从实践真正抽象成为一套理论、一门学科，更好地用于指导实践。从此，商业模式理论进入可演绎、可设计、可构造的新阶段，这无疑将为商业模式学科的发展注入新的生命力。

　　"商业模式"和"公司战略"的概念几乎是同时代提出来的。然而，"商业模式"一直以来都缺少核心的概念定义和自洽的逻辑结构，企业界只觉得它有参考意义，却无法深入地学习、把握和应用。相反，迈克尔·波特将竞争战略、战略要素和与之相匹配的价值链理论相联结，创造出一系列可学习、可应用的竞争战略工具，并依此分化职能、设计部门、考核绩效、评估价值等，为企业家构造出一整套体系完整、逻辑严密、可操作性强的商学体系。波特的竞争战略理论适应了工业化时代的发展需求，并催生衍化出了多元化、企业联盟、兼并收购等战略理论，最终一起构建起"公司战略"的理论大厦。从"魏朱六要素商业模式"模型[⊖]的系列讨论（《发现商业模式》《重构商业模式》《慈善的商业模式》等）开始，中国学者才真正开创了可学习、可把握、可应用的商业模式理论探索。本书及其后续著作的出版，有可能把这一进程根本性地向前推进一大步。

　　⊖ 关于该模型，更多细节参见《发现商业模式》《重构商业模式》，机械工业出版社。

商业模式在国际和国内商学界再次兴起与这个时代的三大特征高度相关。

第一，以纳斯达克为新推动力的金融市场的快速发展，将金融对企业的加速效应增加到企业的发展维度中。要判断和评估金融市场对公司的加速效应，就需要识别公司是否具备独特的商业模式，即通过要素优化获得独特竞争力。传统"百年老店"的慢节奏发展路径在新金融加速环境下已快速分化为"十年"奠定成国际企业或永远长不大的"小老树"。在产能严重过剩的传统行业中，企业核心竞争力之一是结合金融工具（风险投资、私募基金、分拆、并购、联盟等）重构商业模式，而不是简单地控制成本。

第二，以互联网崛起推动的客户细分化和业务外包作为发展的新基准。互联网彻底改变了全球分工体系和客户需求响应，从而改变了企业、行业的边界条件。如果不能顺应新的商业环境变化，积极改善自身在新的全球分工体系下的独特作用，企业就很可能被自己赖以成功的"大而全"的企业规模所伤害。要获得生存和发展的机会，企业必须突出自身在全球分工体系下的独特功能、定位和龙头作用，重构商业模式，强调"精""专""绝"，即契合商业模式的关键资源能力。例如，鸿海的独特加工体系、耐克的强势品牌、苹果 App Store 的创新分享机制。舍此一道，别无他途！后工业时代，企业如果还想通过规模化竞争通吃上下游，攫取垄断利润，则必将作茧自缚，走向衰败。

第三，后危机时代宏观经济的高度不确定，增加了企业外部风险，变"硬"为"软"适应新环境是企业竞争力的又一法宝。发达国家消费、制造业国家生产、资源国家提供资源的全球分工体系逐步解体。全球经济进入再调整和再平衡过程，经济增长需要一个长期的恢复过程。在这种恶劣的宏观环境下，企业只有依靠商业模式创新才能形成独特的结构性竞争优势，才能足够坚韧地生存下来并逆势成长！

从理论发展的逻辑看，科斯的"以交易费用来定义企业边界"、阿尔钦的"剩余索取权"以及战略学派的"定位"、资源能力学派提出的企业独特能力和公司价值理论等都成了商业模式的理论起点。魏炜、朱武祥两位学者在制度经济学、公司战略、金融学系列理论的基础上，提出了商业模式核心概念——"利益相关者的交易结构",建构了包括业务系统、定位、盈利模式、关键资源能力、现金流结构和企业价值在内的"魏朱六要素商业模式"模型,形成了描述、重构、设计、解释商业模式的一整套理论体系,是非常重要的理论突破。该理论体系重新定义了企业的边界和可塑条件,把企业讨论从古典企业中的清晰边界,拓展为内部、类内部和外部等多层次、动态的、网状拓扑的企业边界,构成了多维交易结构的新企业图示。与交易成本经济学只强调交易费用不同,"魏朱六要素商业模式"模型认为交易价值、交易成本和交易风险都会影响交易结构的建立,并最终造成企业价值的差异,这为我们进一步更深入地理解企业本质提供了新的理论视角。在本书中,作者深刻地剖析了业务系统、定位、盈利模式、关键资源能力、现金流结构和企业价值六大要素背后的自洽逻辑,使商业模式设计和重构真正建立在制度经济学、公司战略和金融学等理论严密有序的逻辑之上,让企业家可学习、可操作,自信地决策,系统地执行。更妙的是,作者通过翔实的案例论证了不管是商业模式的交易结构母概念,还是六要素的子概念,其设计均遵循提升交易价值、减少交易成本和降低交易风险的原则。相信这种全息结构的解读,将把商业界和学术界对商业模式的理解提升到一个新的层次。

张 平 教授

中国社会科学院经济所原副所长

《经济研究》原副主编

第 1 章

绪论

商业模式与全息交易结构

———

从 2006 年 12 月在《创富志》发表关于商业模式的第一篇专栏文章《商业模式这样构建》，初步提出商业模式概念体系算起，今年已经是第六个年头。这五年多来，我们发现的商业模式奥秘越来越多，这个瑰丽的商业生态逻辑之缜密、物种之多样、生机之勃勃，让我们每天的发现都充满惊喜，每天的研究都令人疯狂。五年多足以做一个阶段性总结，本书便是一个阶段性的总结。

我们从描述性的框架"魏朱六要素商业模式"模型起步，去描绘、阐述企业缤纷多彩的交易结构，用解构的眼光去发现企业运营的微观结构，出版了《发现商业模式》一书。我们进一步理解到企业的商业模式是一直在动态变化的，从 IBM 的百年变革、历久弥新、鹤发童颜中体悟到了长生不老的秘诀——不断重构，从而成就了我们的第二本著作《重构商业模式》。

然而，正如哲学家芝诺所言："人的知识就好比一个圆圈，圆圈里面是已知的，圆圈外面是未知的。你知道得越多，圆圈就越大，你不知道的也就越多。"对我们来说，接触的企业越多，描述的商业模式案例就越多，我们用商业模式理论体系跟广大商业生态接触的圆周就越大。因此，我们提出并解答了更多有趣的问题：为什么在国外叱咤风云的百思买在中国一筹莫展，无法突破（国）美、苏（宁）争霸的格局？为什么刚刚起步的Twitter、Facebook在短短几年间就打破了Google、Yahoo曾经的互联网神话？为什么同样是餐饮，会同时存在自助餐这种收取一次性进场费和豪华酒楼这种点餐消费、按消费量收费的盈利模式？为什么有的企业会选择银行借款，有的会选择风险投资，还有的通过信托基金？在商业模式六要素之间，是否存在内洽的逻辑关系？其背后，是否又存在共同的逻辑结构？

在与这些问题对话的同时，我们发掘到更多深刻的商业模式奥妙。我们惊喜地发现，六要素之间的确存在内洽的逻辑结构，且每一个要素都跟交易价值、交易成本和交易风险有关，各个要素组成整体，又揭示了整个交易结构（包括焦点企业及其利益相关者）的交易价值、交易成本和交易风险。换言之，商业模式体系是一个全息的交易结构。每一个要素都揭示着整体，影响着整体，包含着整体的全部信息，而整体又指导和牵引着每一个要素。这将是我们这部著作的主题。

1.1　交易结构的交易价值、交易成本和交易风险

商业模式是利益相关者的交易结构。利益相关者要建立一个交易结构来赢利，需要考虑到其中的交易价值、交易成本和交易风险。

不妨从一个简单的农业商业模式讲起。见惯工业、商业、服务业的大企业家可能没几个会真的重视农业企业，认为其不值一提。但是，在这里有必要纠正一下这种认识，农业的市场容量至少是万亿元人民币级别，而至今，中国还没有出现过千亿元级别以上的伟大的农业企业，这是个碎片化的巨大市场，机会无限，值得风险投资机构和企业家群体持续关注。

　　例如，有一项农业技术能够把农作物的产量提高30%，那么，如果把它应用在稻田，充其量每亩一年多赚取的稻谷也就值几百元。但如果把它应用在经济作物或者林业作物，其每亩多增加的价值可能就达几千元甚至上万元。也许前后选择的是类似的交易结构（都是卖设备，推广技术），但是选择了不同的利益相关者（前者选择大田散户，后者选择瓜果大户），交易价值就有很大的差异。

　　现在假设拥有这项技术的公司 A 选择瓜果大户作为其技术推广的对象。技术比较高明，价格也比较高，大户不接受，怎么办？公司 A 强调其设备能把产量提高 30%，谁能提供证明？证明不是问题，讨价还价才是问题。公司 A 说能提高，所以设备比较贵；大户说不能提高，所以他要按市场同类产品价格支付。这时候，公司 A 可以采取另一种交易结构：农田由公司 A 租下来，设备由公司 A 自己提供，租金和设备均按市场价格，大户来劳作，农作物产出全部交由公司 A 销售，每年给大户保底收益（往年的平均收益），超出的部分双方分成。这未必是最好的模式，但大大降低了双方在前一种交易结构中因买卖设备而产生的讨价还价的交易成本，有助于促成双方的合作，肯定比双方一直在那里就设备价格讨价还价相持不下更可行。

　　当然，如果采取这种模式，对公司 A 来说，就存在几个风险：第一，财务风险，以前是设备卖出去就有款项进来，现在需要更长时间才能收回款项，现金流结构从原来的一次性投入一次性收回，变成一次性投入多期收回，这可能就需要跟金融中介机构联系，化解现金流风险。第二，大户的积极性风险。以前大户拿到的是剩余收益，除掉投入的，交足国家、集体的，剩下的都是自己的，现在只能拿到固定加分成，能否继续这么积极是个问题。第三，对于农田产出的作物，大户是否会"诚实"地交出来进行分成也是个风险。当然，在瓜果销售不畅的坏年景问题不大。如果是好年景，公司 A 还要有一套措施监督大户不会私自售卖作物，而这需要付出其他的交易成本。

从上面的例子中，我们至少可以得到以下两个体悟。

第一，作为利益相关者的交易结构，交易结构和利益相关者的确定是一个不断循环、不断修正的过程。同样的交易结构，可能换一类利益相关者会拓宽交易价值，但同时会提高交易成本；为了降低交易成本，我们会调整交易结构，而这可能会带来新的交易风险；为了降低交易风险，我们或许会引入新的利益相关者，而这也有可能带来新的交易结构的变革。如此循环往复。如果考虑到环境的变化以及利益相关者在交易结构中的地位会随着交易推进而改变，则这种不断循环、不断修正的过程可能更漫长、更复杂。唯一不变的就是变化，这正是商业的乐趣所在！

第二，跟交易价值、交易成本和交易风险的绝对值相比，它们的相对值更为重要。毕竟，我们是要在几个商业模式之间做比较，这时候一个模式的交易价值更高、交易成本更低、交易风险更小，比这个模式到底有多好来得重要！

1.2　交易结构的六要素

商业模式六要素包括业务系统、定位、盈利模式、关键资源能力、现金流结构和企业价值，每一个要素都反映了交易结构的一个侧面，也都有交易价值、交易成本和交易风险的考量。交易价值、交易成本和交易风险的全息，正是交易结构的灵魂。

例如，上文提到公司 A，其盈利模式就发生了巨大的变化。传统的盈利模式是，公司 A 销售设备，大户购买设备，农田的产出多少跟公司 A 完全没关系，公司 A 拿的是固定收益（设备款），大户拿的是剩余收益（除了投入外的所有收益）。新的盈利模式则是，公司 A 获得超出部分的分成，如果产出不到往年平均线，还会亏损；大户得到固定保底加超出部分的分成。相比之下，无疑后一种模式的交易成本更高，因为公司 A 需要付出额外的努力来监督和激励大户。但是，采取这种交易成本更高的盈利模式，原因就在于该模式的交易价值更高。相比之下，交易价值的增值超过交易成本的消耗，新的盈利模式在现实中才有可能成立。

盈利模式的变化当然会引起其他要素的变化。变卖设备为运营农业种植，就涉及公司 A 的角色转换，是业务系统的变化。角色变化一方面降低了公司 A 销售设备给大户的交易成本，另一方面，从一次性设备销售转化成运营服务收入（在后面的作物分成收入中体现），使公司 A 分享到了一部分交易价值的增值。新的业务系统下，大户的角色也发生了变化，是否会再尽心尽力是个问题，这是新的交易风险。

那么，仍然让公司 A 销售设备，然后拿分成，可以吗？也就是说不改变公司 A 的角色，只改变其盈利模式，可以吗？这在现实中很难行得通。当公司 A 销售设备时，设备的所有权已经归属大户，那么农田的产出就跟公司 A 无关了，公司 A 凭什么分成？而当公司 A 租下了农田时，对于农田的产出怎么分配，公司 A 才有话语权。事实上，租田降低了公司 A 监督大户的交易成本，而拥有设备的所有权则使分成盈利模式真正可操作。因此，要素之间的变化是息息相关的，可谓牵一发而动全身。

现金流结构也同样会有变化。一次性销售设备，就一次性回收了款项，而投入到服务，现金流就要分期回收。如果公司 A 在生产方面需要投入大量资金，在服务上又要投入一定的营销成本，短期投入和长期回报在现金流结构上就会构成矛盾。从长期来看，服务业务的交易价值与交易成本的差值更大，更值得公司 A 去争取；但从短期看，服务业务将造成巨大的现金流风险，可能还没等到服务业务壮大，公司就已经入不敷出，"出师未捷身先死"破产关张了。

从大田作物的散户销售，到经济作物的大户服务，利益相关者不同，需求有差异，满足需求的方式也发生了巨大的变化。从销售到服务，这种定位的转换对公司 A 提出了新的要求，其资源能力需要做新的配置和培养，相应地，公司 A 如果能够顺利完成这种转型，其企业价值也许将会有一个巨大的成长。这些定位、关键资源能力、企业价值的变化，都会影响到交易价值、交易成本和交易风险，这里就不再赘述了。

1.3　从发现、重构到解释，从解释到竞争、设计

商业模式的背后逻辑，本书只是个开始，事实上，《商业模式的经济解释》不是一本书，而是一个系列。本书只是解读商业模式逻辑的一个起点，后面我们还将针对内部交易结构、设计原理和规则等，做更深入的阐述。

对任何事物的认识都是一个不断推进的过程。我们正是从现状的描述中，**发现**了商业模式的奥秘，并建构了原创性的"魏朱六要素商业模式"模型；从现状深化到企业的过去和未来，我们看到了企业变革的历史，看到了动态的、**重构**的商业模式。

如今，我们尝试去**解释**这些画面、这些变化背后的逻辑，让商业模式有迹可循，而不是拍脑袋决策，这将有助于指导企业和企业家在未来**设计**出属于自己的、独一无二的、独步天下的商业模式，这些模式之间将相互**竞争**，各擅胜场！商业生态将有可能呈现出一派物种（商业模式）多样化、鹰击鱼翔、万类竞自由的蓬勃景象！

第2章

商业模式与交易价值、交易成本、交易风险

—

多年来，商业模式屡屡成为业界的焦点。创业板提出"两高六新"标准，最后一个"新"就是指"新商业模式"。风险投资评价企业的三大标准分别为：市场空间、商业模式和管理团队，商业模式在其中占据核心地位。美国管理协会的一项研究表明：全球企业的新商业模式开发投入在创新总投资中的占比不到10%！与之形成对比的是，根据统计，有60%的美国企业创新成功是商业模式的创新！

然而，商业模式的确切定义是什么？什么是好的商业模式？商业模式包括哪些要素？学者和管理者对此却莫衷一是、众说纷纭。

事实上，一套完整的商业模式理论框架要达成共识，必须回答三个基本问题：

第一，商业模式的特征或者形态是什么样子的？

第二，不同商业模式的绩效或者说企业业绩差异体现在哪里？

第三，支撑该商业模式的背后逻辑是什么？或者说，要使该商业模式运营需要什么？

2.1　商业模式：利益相关者的交易结构

商业模式从本质上来讲，是利益相关者（包括顾客，下同）的交易结构。我们所说的利益相关者，包括内部利益相关者和外部利益相关者。利益相关者的界面在哪里？具备独立的利益诉求，有相对独立的资源和利益的输入输出。独立是一个重要的衡量标尺。因此，传统意义上的供应商、渠道、顾客等，都可以看成利益相关者，某个内部的部门，比如说财务部门，也可以看成一个利益相关者。

在之前的著作中，我们介绍过居泰隆这家公司，其商业模式可以概括为：通过对装修公司、供应商和销售商的整合，减少中间环节，降低流通成本，发展连锁超市（与动辄几万平方米的家居大卖场相比，居泰隆的超市面积一般仅为 1000 平方米甚至四五百平方米，不到前者的1/10）。具体就是，通过产品建模中心，对家具厂商的产品进行信息化建模，为其信息系统提供数据支撑；通过信息系统，实现需求多元化下的规模采购；采购信息由居泰隆系统到厂商再到门店，由第三方物流负责统一配送到门店，门店再负责到客户的物流；居泰隆通过家居用品销售和合作伙伴的佣金返点获利。图 2-1 是居泰隆与其利益相关者的交易结构。

商业模式不但关注外部利益相关者，而且关注内部利益相关者，还关注介于两者之间的类内部利益相关者。同时关注内部利益相关者和外部利益相关者，有助于拓宽企业边界理论的原有定义，也更利于企业决策。以利益相关者为核心分析居泰隆的交易结构有助于我们理解这一点。

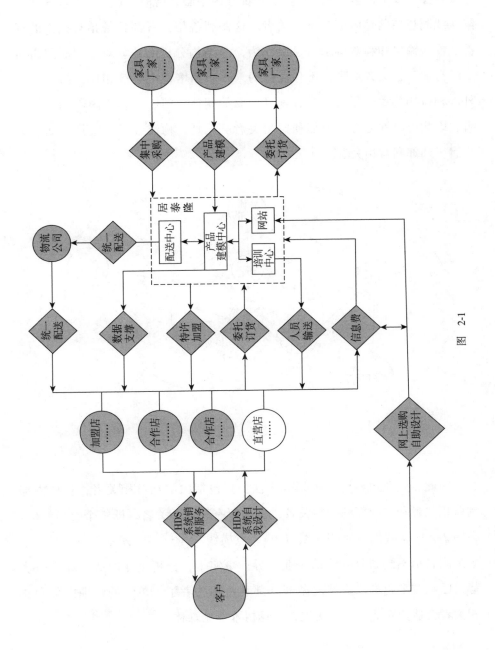

图 2-1

在图 2-2 中，包括配送中心、产品建模中心、培训中心、网站等的居泰隆实线圈包括的是内部利益相关者。这些利益相关者都具备相对独立的资源、输入输出和利益诉求，可以作为交易结构分析的独立对象。而门店由于既有加盟，又有参股，还有直营的，故而和培训中心等相比，门店属于外部利益相关者；而与客户、家具厂商等相比，门店又属于内部利益相关者，因此可以称之为类内部利益相关者。无疑，物流公司、家具厂商和客户属于外部利益相关者。

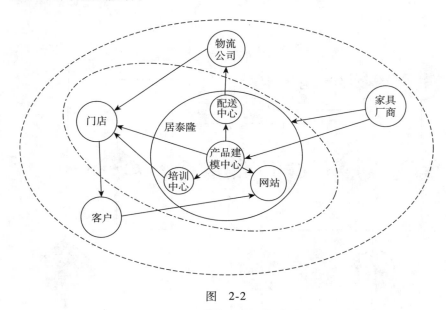

图　2-2

因此，企业边界有三种划分方法：只包括内部利益相关者；包括内部利益相关者和类内部利益相关者；包括所有利益相关者，即整个交易结构。在图 2-2 中，我们分别用实线（—）、点横线（—·—）、短横线（---）三个圆圈表示不同划分方法的企业边界。事实上，分析企业的战略和竞争优势，已经越来越难以决然地抛弃外部利益相关者了。单纯的管理内部利益相关者会造成企业家顾此失彼，只见树木不见森林。

那么，分析商业模式时，是否可以不关注内部利益相关者而只关注外部利益相关者（或者，加上类内部利益相关者）？我们把内部利益相关者省略掉，将居泰隆整体作为交易结构上的一个独立节点，得到如图 2-3 所示的另一种交易结构。

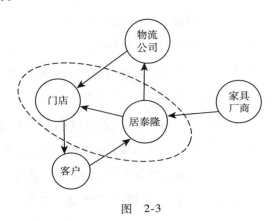

图　2-3

这个交易结构并不能很好地表达培训中心、产品建模中心、配送中心、网站等的独立资源、输入输出和利益诉求。把同一组部门定义为内部利益相关者、类内部利益相关者还是外部利益相关者，意味着完全不同的交易结构。在分析交易结构的过程中，界定清楚内部利益相关者、类内部利益相关者和外部利益相关者，为分析不同的商业模式的价值创造能力提供了理论基础。对于同一商业模式，关注同一利益相关者在内部、类内部和外部之间的动态流动，为商业模式的演化和重构提供了动态分析工具。

很多研究者和管理者把同一个业务活动的内包、外包作为商业模式设计本身。然而，在没有设计好交易结构之前，业务活动是不确定的，因此，也无法决定是外包还是内包。打个比方，在传统连锁家居卖场模式里，物流是个重要的环节，因而，以往的商业模式观点认为，物流是外包还是内包是商业模式的核心决策问题。然而，在传统连锁家居卖场模式里，并没有（居泰隆模式中的）产品建模这个新业务活动，基于传统连锁家居卖场模式之上来讨论居泰隆就会无从下手。事实上，只有把产品建模中心这个利益相关者纳入交易结构设计，才存在（产品建模环节）外包、内包的决策问题。原来的内包、外包决策是建立在一个假定已经存在的商业模式之上的，但实际上在没有划定利益相关者之前单独谈论一个活动的外包、内包决策问题将大大限制商业模式的创新空间。因此，设计交易结构首先是划定利益相关者，其次才是设计焦点企业与他们的交易关系。

另外，以往的理论强调一体化和专业化的对立。但是，一体化只包括行业内部的横向一体化和纵向一体化，并不包括培训中心这样的利益相关者。交易结构能够为理解企业商业模式提供全面的视角，甚至针对专业化、一体化和多元化，分析交易关系之间的构型（也就是交易结构安排）比单纯考虑战略的选择更为重要，也更能指导企业的运营决策。

2.2　好商业模式：高价值创造，低价值耗散

作为焦点企业（其商业模式被研究的企业）与其利益相关者的交易结构，一个好的商业模式总是能为焦点企业及其利益相关者创造最大的价值，换言之，实现焦点企业剩余（即焦点企业的企业价值）与利益相关者剩余之和的最大化。

如图 2-4 所示，商业模式创造了巨大的交易价值，并付出一定的交易成本，两者之间的差为交易结构的价值空间；除了交易成本，焦点企业和利益相关者都需要付出货币成本，比如内部管理费用、原材料采购成本等，价值空间减去货币成本就是商业模式为所有利益相关者所实现的价值增值，其组成为焦点企业剩余加上利益相关者剩余。

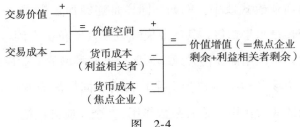

图　2-4

例如，上文介绍的居泰隆为顾客提供了物美价廉的装修一体化解决方案，为物流公司和家具厂商提供了大量的订单，这些都是商业模式为利益相关者所带来的交易价值；与此同时，居泰隆与家具厂商、物流公司的谈判，家具到当地门店再到顾客家中的配送、安装，都是商业模式运行时所必须付出的交易成本。交易价值和交易成本两者之差就构成了价值空间。此外，居泰隆要付出网站、培训中心等内部管理单元的成本，而家具厂商需要安排生产，物流公司需要建立仓储，这是焦点企业和利益相关者所必须付出的货币成本。价值空间扣除这些货币成本之后，就是价值增值。

$$
\begin{aligned}
价值增值 &= 交易价值 - 交易成本 - 货币成本 \\
&= \frac{交易价值 - 交易成本}{交易价值} \times 交易价值 - 货币成本 \\
&= \frac{价值空间}{交易价值} \times 交易价值 - 货币成本 \quad\quad (2\text{-}1)
\end{aligned}
$$

由式（2-1）可知，价值增值受三方面因素影响：商业模式，表现为"价值空间/交易价值"；战略，表现为"交易价值"；管理控制，表现为"货币成本"。我们主要关注商业模式的影响。

不同的商业模式存在效率差异，我们把"价值空间/交易价值"定义为商业模式效率。

$$
商业模式效率 = \frac{交易价值 - 交易成本}{交易价值} = \frac{价值空间}{交易价值} \quad\quad (2\text{-}2)
$$

同一商业模式对不同的产品、客户等有一个同等比例的放大作用，其乘数因子就是商业模式效率。例如，同样是连锁加盟模式，应用于珠宝销售、家电销售还是水果销售，其商业模式效率（＝价值空间/交易价值）是类似的。因此，可以用商业模式效率来区分不同类型的商业模式。

对不同的市场（包括客户和产品）而言，同样的商业模式由于效率等同，具有相似的放大作用（或者乘数作用），企业应尝试把该商业模式应用在能产生更大企业价值的产品和市场。例如，一个创新的农业技术，如果配合某一创新的商业模式，能够把农作物的产量提高40%。每亩大田作物（如水稻）的产值以几百元或上千元为数量级，而每亩经济作物（如瓜果蔬菜）或林业作物（如红木）的产值动辄以万元甚至10万元为数量级。此时，把该商业模式应用在经济作物或者林业作物上，所产生的企业价值就会远远大于应用在大田作物上的效果。

对同一市场（包括客户和产品）而言，不同的商业模式具有差异化的效率，放大作用（或者乘数作用）并不同，此时，应选择效率更高的商业模式。例如，同样是小饰品，摆地摊、哎呀呀之类的连锁经营与淘宝网店就是三种不同的商业模式，对小饰品价值的放大作用不同，最终能达成的企业价值也不同。三种家居连锁卖场模式——红星美凯龙、宜家、居泰隆，也是同一市场下三种不同的商业模式。

不同市场（战略定位）的差异，可以用交易价值表示；不同商业模式的差异，可以用商业模式效率表示。因此，战略和商业模式结合的价值可以用式（2-3）表示。

$$战略和商业模式结合的价值 = 交易价值 \times 商业模式效率$$

$$= 交易价值 \times \frac{价值空间}{交易价值}$$

$$= 价值空间 \qquad (2\text{-}3)$$

不同的企业所具有和所能调动的资源能力是有限的，因此，企业能涉足的市场（包括客户和产品）和商业模式将是一个有限可选集，从中找到市场空间和商业模式效率共同作用最大的组合，实现价值空间最大化，将是最优的选择。

价值空间的来源包括两种：价值创造、价值耗散。

所谓价值创造，指的是与传统商业模式所处的商业生态相比，市场（包括客户和产品）空间极度扩大了。设计新商业模式的价值是获得一个新的增量市场空间（可以是定性的增加，例如增加了某种新的价值；也可以是定量的增长，例如把某种价值极大地扩大了）。反映在商业模式效率上，高价值创造意味着高交易价值。

所谓价值耗散，指的是在一个既定的市场空间里面，相当一部分的价值并没有分配给焦点企业及其利益相关者或者同类模式的商业生态参与者。换言之，市场空间通过一种无序的方式分配，最终参与的各利益相关者所获得的回报总和（主要指经济利益回报）远远低于所获得的市场空间总和，不在同一数量级。高耗散意味着利益相关者所创造的价值在很大一部分上耗散在交易成本上面。反映在商业模式效率上，高价值耗散意味着高交易成本。

因此，按照价值创造和价值耗散的高低，我们可以把商业模式分为四大类（见图 2-5）：高创造，高耗散；高创造，低耗散（好的商业模式）；低创造，高耗散；低创造，低耗散。

		价值耗散	
		高	低
价值创造	高	高创造，高耗散	高创造，低耗散（好的商业模式）
	低	低创造，高耗散	低创造，低耗散

图 2-5　商业模式分类

需要说明一点，由于商业模式对企业价值起到一个乘数作用，因此绝对的价值创造和价值耗散高低是没有意义的，只有两者相对而言的高低才具有指导意义。

好的商业模式的标准是：高价值创造，低价值耗散。在这种商业模式下，企业及其利益相关者创造了巨大的交易价值，而且，交易成本的耗散能够较好地得到控制。企业及其利益相关者至少在中短期能够获得较好的发展。

事实上，垄断在短期内同样可以实现高价值创造、低价值耗散。但是，从长期而言，垄断的高价值创造、低价值耗散是以其他利益相关者的低价值创造、高价值耗散为代价的。垄断通过资源独占、不平等竞争极大地破坏了创新。在对资源和价值的分配上，垄断不利于商业生态系统的可持续发展。因此，我们认为，为了保持长期的商业生态和谐，必须加上一个价值评判：价值共享。故而，**新商业模式的标准是：高价值创造，低价值耗散，价值共享**。

在不同的前提条件下，谋求商业模式效率最大化的努力途径有所不同。

1. 相同需求，不同模式

在这种情况下应寻求价值空间最大化。具体来说，有两种努力途径。

● **交易价值相同，交易成本不同——交易成本最小化**

在这种情况下，交易结构为交易各方提供的交易价值是基本类似的，除了治理结构，各个利益相关者所扮演的角色也是一致的。因此，治理结构的选择，会直接影响交易成本。寻求交易成本最小化，是谋求价值创造最大化的有效途径。

农业合作社就是一个很好的典型。阿斯米尔拍卖合作社让花农会员拥有合作社的"控制权"和"剩余收益索取权"（剩余收益的返还按照对合作社交易额而非"出资金额"分配的贡献比例），一方面有效提升了花农会员的积极性，另一方面使花农联合起来对抗市场的其他垄断力量，提高了风险共担能力。由于花农的利益具有很强的同质性，集体决策的成本并不太高，因此，这种商业模式就比零散的花农买卖要强大得多。合作社盛行于农业经济，并非巧合。

- ● **交易价值不同，交易成本也不同——价值空间最大化**

针对同一种需求，如果采取的商业模式中利益相关者组成不同，或者同一利益相关者所承担的角色和关系不同，那么，有可能面临交易价值和交易成本都不同的情况，这时候，商业模式的设计目标是价值空间最大化。施乐复印机的历史就完美地诠释了这一点。

20 世纪 50 年代中期，静电复印术面世了。用这种技术复印出来的复印件是干的，并且页面既干净又整洁，复印的速度也非常快，每天可以达到数千张，远远高于当时主流的复印机。

然而，与主流复印机 300 美元的售价相比，采用静电复印术的机器的制造成本是 2000 美元。当时复印机厂家盛行的做法是采用"剃须刀—刀片"模式：对复印机设备用成本加上一个适当的价格卖出，目的是吸引更多的客户购买，而对配件和耗材则是单独收费，并且通常会在其成本之上加很高的价格以获取高额利润。显然，由于成本过高，静电复印术很难照搬这种商业模式。在经受各种质疑之后，静电复印术最终采取了一种新的商业模式，并于 1959 年推向市场：消费者每个月只需支付 95 美元就能租到一台复印机，在每个月内如果复印的纸张数不超过 2000 张的话，则不需要再支付任何其他费用，超过 2000 张以后，每张再支付 4 美分。如果客户希望中止租约的话，只需提前 15 天通知公司即可。效果好得出奇：用户的办公室一旦安装了这种复印机后，由于复印质量很高而且使用方便，用户每天而不是每个月就要复印 2000 张！这意味着从月租的第二天起，绝大多数复印机每多复印一张，就可以带来额外收入。此后十几年，该公司收入增长率一直保持在 41%，其股东权益回报率（ROE）也一直长期稳定在 20% 左右。到了 1972 年，原本一家资本规模仅有 3000 万美元的小公司变成了年收入高达 25 亿美元的商业巨头——施乐公司！

跟原来的"剃须刀—刀片"模式相比，施乐复印机的商业模式不管是从交易价值上还是交易成本上都发生了彻底的变革，其价值空间无疑更大，因此其商业成就更加辉煌也就不足为奇了。

2. 不同需求，相同模式——价值创造最大化

如果针对不同的客户需求采取类似的模式，那么，其交易成本结构是类似的，区别主要在于交易价值。当然，焦点企业和利益相关者所付出的货币成本也将由于需求的不同而大相径庭。

打个比方，同样是特许经营，如果都采取上缴固定加盟费的模式：焦点企业（总部）获取固定收益，利益相关者（加盟商）获取剩余收益。即使一个做餐饮，一个做运动服装销售，仍然可以认为这两种模式是一样的。显然，这两个特许经营的交易成本结构是类似的，但是，餐饮的需求和运动服装销售的需求千差万别，需要上缴的固定加盟费肯定不同，因此，加盟商为总部所带来的交易价值肯定也不同，各自需要投入的货币成本也不同。最后，能否实现价值创造（交易价值减去交易成本再减去焦点企业和利益相关者的货币成本）最大化，将决定不同模式之间的竞争优势差异。

3. 相同需求，相同模式——管理效率最大化

这种情况比较简单：交易价值和交易成本的结构都类似，最终，战略取向和管理能力的差异导致了企业竞争优势的差异，因此，这时候企业应寻求管理效率最大化（见图2-6）。

		需求	
		相同	不同
商业模式	相同	管理效率最大化	价值创造最大化
		价值空间最大化	焦点企业价值最大化
		交易价值相同，交易成本不同	交易价值不同，交易成本也不同
	不同	交易成本最小化	价值空间最大化

图 2-6

2.3　商业模式的动态分析

值得指出的是，商业模式价值并不等于焦点企业价值。因此，假如存在两种可选的商业模式：一种是商业模式价值较大，而焦点企业价值较低，另一种是商业模式价值较低，但焦点企业价值较大，那么，焦点企业有极大的意愿选择后者，而能否完成这个选择，很大程度上取决于焦点企业与其他利益相关者的资源禀赋所带来的实力对比和风险分担。例如，当国美壮大之后，很难抑制住冲动而不提高家电厂商的进场费。而当家电厂商的微利有可能经过国美的渠道走向亏损的时候，有实力的家电厂商就会建立自己的专卖店渠道。在这里，家电厂商建立专卖店渠道跟与国美合作相比，就整个企业组织的商业模式来说是不经济的，但是对家电厂商而言，这却是实现其企业价值最大化的合理选择。而从国美的角度出发，如果家电厂商与它合作，商业模式价值将达到最大，其焦点企业（国美）价值也足够大了；但由于国美要进一步提高其焦点企业价值，就不免失去一些合作伙伴的支持。最终的均衡结果来源于双方资源能力禀赋在交易结构上的博弈。

商业模式价值和焦点企业价值的不一致性，为商业模式的动态分析提供了理论逻辑基础。商业模式动态变化的驱动力可以是外生的，也可以是内生的。

外生的市场、环境、经济、政治等条件会改变利益相关者等的资源禀赋和力量对比，对商业模式产生巨大的影响。比如，小灵通是一种落后的无线通信技术，当 UT 斯达康大力推行时，很多通信设备商包括华为、中兴并不看好。但是，小灵通资费便宜，在三四线市场需求巨大，中国电信本身又没有无线业务，因此，UT 斯达康和中国电信一拍即合：UT 斯达康建设网络、销售终端，中国电信大力推广运营。终于成就了巨大的 IT 神话：UT 斯达康一飞冲天，登录纳斯达克，并连续 17 个季度盈利打破分析师预测；中国电信的本地网一开通小灵通，必然成就高速成长。然而，随着 3G 的来临，中国电信变成了包括有线、无线的全业务运营商，小灵通立刻变成边缘产品，双方的交易结构走向崩溃，而 UT 斯达康也风光不再！UT 斯达康和中国电信的交易结构，因顺应市场发展而结成，又因市场变化而解体，可谓是商业模式受外生因素影响的典型。

内生的力量也会造成商业模式的演化或者重构。交易结构中的所有利益相关者都有独立的利益诉求和资源能力禀赋。同样的交易结构，可能在目前这个市场环境和利益相关者的实力对比、利益诉求的前提条件下是最优的，但是，随着环境发生变化，利益相关者通过交易结构产生的实力积累带来了利益诉求变化，有可能使原有的交易结构不适应新的发展需要。这时候，就有必要对原有的交易结构进行逐渐的演化或者革命性的重构。当然，对交易结构进行动态合约设计，是另一个具有前瞻性的制度安排。

当资源能力禀赋支撑下的利益分歧还没有达到足以让交易结构解体的时候，商业模式更多地体现出演化的现象。例如，携程的商业模式建立在酒店、机票等旅游资源预订的中介服务上，其中必要的一点就是收取酒店、机票的佣金。随着市场力量越来越强大，携程在和酒店等的谈判过程中越来越强势，其压价能力越来越强。于是，酒店合作伙伴产生了分化：有些酒店仍然选择和携程合作（例如，如家），有些已经开始绕过携程发展自己的会员系统（例如，汉庭），有些则从一开始就把重点放在会员系统上（例如，7 天）。酒店合作伙伴的分化并不会使携程的商业模式产生颠覆性的变革，但是会对携程商业模式的演化产生一定的影响。

当资源能力禀赋支撑下的利益分歧强大到足以让交易结构解体的时候，

商业模式将很有可能进行彻底的重构。例如，在之前的著作里，我们曾经介绍了 IBM 商业模式重构的案例。埃斯特利奇推出的开放性 IBM PC 兼容架构采取了英特尔的芯片、微软的操作系统和其他供应商的元器件，一举打败了苹果的封闭系统。从 1981 年推出第一台 PC 开始，短短三四年时间，IBM PC 事业部从无到有，从有到大，1985 年收入超过 45 亿美元，如果独立出来，光 PC 部门就可以成为美国第 74 家大工业公司，名列美国第三大计算机公司，仅次于 IBM 自身和 DEC。然而，IBM 这个交易结构在成就自己的同时，也培育了英特尔、微软和康柏等竞争对手。当英特尔和微软形成 Wintel 联盟的两大主宰，康柏先于 IBM 推出 386 桌上型个人电脑时，IBM 终于意识到了事情的严重性。然而，形势不可逆转，IBM 重新推出自己的芯片和 OS/2 操作系统看起来更像是回光返照式的挣扎，PC 事业部终于随着埃斯特利奇的坠机"无可奈何花落去"。2004 年，IBM PC 部门卖给联想固然有发展战略转移的考虑，但其壮士断腕所折射出的王朝背影仍不免让人扼腕叹息。

以具备独立利益诉求和资源能力禀赋的利益相关者作为商业模式分析的核心，能全面地、动态地分析商业模式运行的逻辑，预测商业模式运行的前景，从而为商业模式的动态演化和重构提供可行的理论分析工具。

2.4 商业模式的构成：六要素模型

商业模式是一个复杂的系统，其构成包括六个要素：业务系统、定位、盈利模式、关键资源能力、现金流结构和企业价值。其核心概念是业务系统，强调整个交易结构的构型、角色和关系。而定位强调满足利益相关者需求的方式，盈利模式强调与交易方的收支来源及收支方式，关键资源能力强调支撑交易结构的重要资源和能力，现金流结构强调在时间序列上现金流的比例关系，这四个要素都可以看成业务系统在不同侧面的映射或者反映。最后的企业价值是商业模式构建和创新的目标与最终实现的结果（见图2-7）。

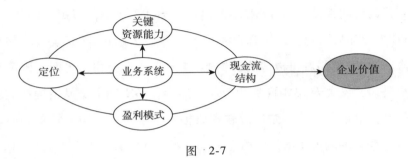

图 2-7

1. 业务系统：企业选择哪些行为主体作为其内部或外部的利益相关者

业务系统由构型、角色与关系三部分组成。构型指利益相关者及其联结方式所形成的网络拓扑结构；角色指拥有资源能力，即拥有具体实力的利益相关者；关系指利益相关者之间的治理关系，主要描述控制权和剩余收益索取权等权利束在利益相关者之间如何配置。这三方面的不同配置都会影响整个业务系统的价值创造能力。

在1988年之前，雀巢公司的业务系统可以描述为：从特密克斯购买蒸馏咖啡机，从雀巢购买咖啡胶囊，借助索伯尔的渠道直接面向客户销售并负责其他营销工作及保养维修机器的工作。

1988年保罗·盖勒德接管雀巢公司之后，其商业模式的业务系统转变为：蒸馏咖啡机由多家被授权企业生产并通过零售商销售，由这些生产企业负责机器的维修和保养。通过俱乐部方式组织咖啡胶囊的销售，顾客通过电话、传真等方式从俱乐部订购咖啡胶囊。

如图2-8和图2-9所示，这两个业务系统的网络拓扑结构显然是完全不同的，这是在构型上的差别。

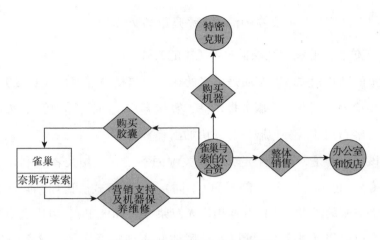

图 2-8 1988 年之前的业务系统

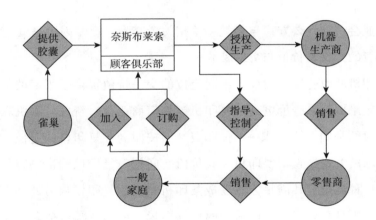

图 2-9 1988 年之后的业务系统

从交易角色上看,红星美凯龙在交易结构中的角色是商业地产商,其中的家具厂商是租户;而居泰隆拥有的是对整个软件及其运营系统支撑的连锁加盟体系,家具厂商成为其中一个环节的供应商。这是双方利益相关者在交易结构上角色的差异。

治理关系回答双方在交易中如何分割权利,包括纯市场交易,纯所有权交易和介于这两者之间的长期契约、参股、控股、企业联盟等。例如,红星美凯龙和家具厂商交易的治理关系是市场交易。

2. 定位：企业满足利益相关者需求的方式

这里的利益相关者，实质是广义的客户，包括内部客户（员工），外部客户（供应商、消费者、服务提供商、直接客户、间接客户等），类内部客户（特许经营门店、外包服务、外协加工等）。

应该指出的是，在这个定义中，关键词不是利益相关者（利益相关者可以改变），也不是需求（需求可以不同），而是方式。比如，同样是满足消费者喝豆浆的需求，可以开连锁店卖豆浆（永和大王），可以卖豆浆机让消费者自己操作（九阳），可以开社区体验店现磨现卖……这都是定位的差异。

企业会选择什么方式与某类利益相关者交易，影响因素是（与该类利益相关者的）交易价值与交易成本。

复印机的商业模式设计为不同定位的交易价值提供了很好的佐证。一台复印效果更好、造价更高的复印机该如何商业化？新式复印机和老式复印机针对的是同一个需求——复印资料。按照老式复印机的定位，其满足客户需求的方式是直销复印机，其价值空间就是复印机的市场容量；如果采取另一种定位，其满足方式变成复印机租赁、复印张数另外计费等，其价值空间则是客户持续复印活动的市场容量，这里面既包括老式复印机的基础复印需求，也包括新定位所带来的额外频繁的复印活动。施乐公司正是这样重新审视并主动转变了满足客户复印需求的方式，才成了历史上最伟大的企业之一。

一项具体交易的成本由三部分组成：搜寻成本、讨价还价成本和执行成本。好的定位能够降低其中的某一项或某几项交易成本。例如，连锁模式增加了与客户的触点，降低了客户的搜寻成本；中介模式为交易两边的客户缩小了谈判对象的规模，降低了讨价还价成本；网上支付突破了银行时间、地点的限制，为客户降低了执行成本；整体解决方案模式为客户大大减少了交易商家的数量，同时降低了搜寻成本、讨价还价成本和执行成本。

3. 盈利模式：以利益相关者划分的收支来源以及相应的收支（或计价）方式

盈利模式包括盈利的来源和计价的方式。

同样一个产品，比方说纺纱机，盈利来源有很多种：直接让渡产品的所有权，把纺纱机卖掉，这是传统的销售；只让渡产品的使用权，企业仍然保有所有权，把纺纱机租出去，收取租金，这是租赁；销售产品生产出来的产品，例如为纺纱机构建生产线，销售生产出来的纱线；作为投资工具，例如在生产纱线的同时，把纺纱机打包卖给固定收益基金，企业得到流动资金，基金公司获得一个有固定收益的证券化资产包。

计价的方式也有很多，仍然以纺纱机为例：销售时以台为计价方式；租赁时以时间为计价方式；投资时则把其整个收益分为固定和剩余两部分，以价值为计价方式。

盈利来源不同会导致计价方式的不同。比如，红星美凯龙对家具厂商收取租金，红星美凯龙拿固定收益，家具厂商得到剩余收益；居泰隆则跟家具厂商按照交易量收取佣金，双方均得到分成收益。

4. 关键资源能力：支撑交易结构背后的重要资源和能力

关键资源能力是企业商业模式运行背后的逻辑，是其运营能力有别于竞争对手并得以持续发展的背后支撑力量。不同的商业模式要求企业具备不同的关键资源能力，同类商业模式其业绩的差异主要源于关键资源能力水平的不同。

同样是开餐馆，高档餐厅、连锁快餐和送餐的关键资源能力肯定是不同的。高档餐厅以环境、菜品单价和质量等取胜；连锁快餐追求标准化和快速复制化；曾经的资本市场宠儿福记食品的送餐业务则以对中央厨房的管理和运营作为改进效率的重点。

5. 现金流结构：以利益相关者划分的企业现金流入的结构和流出的结构以及相应的现金流的形态

轻资产公司受到很多学者和风险投资家的青睐，原因就在于其现金流结构能够实现早期较少的投入就可以带来后期持续的稳定较高回报。例如，金风科技没有零部件制造环节，而是采取发展和培养庞大的零部件供应商体系，减少了在零部件制造环节的大量资金投入，从而实现了轻资产的现金流结构，上市前连续七年销售额和利润增长均翻番，上市后很自然地成为资本市场明星。

现金流结构也可以设计。同一盈利模式可以对应不同的现金流结构。例如，同样是手机卡充值，可预存话费，可月结。前者首先使用的是用户的资金，运营商提前获得充沛的现金流以投入用户服务，后者则是先服务后收费，运营商需要先将自身的现金流投入运营服务。在客户初期投入较大的情况下，借助金融工具，或分期付款，或融资租赁，降低客户一次性购买门槛，无疑会吸引到更多客户；在客户每次投入不大又重复消费的情况下，预收款同时配以高质量的服务，能够在保持甚至提高客户满意度的同时释放企业的现金流压力。

6. 企业价值：商业模式的落脚点。评判商业模式优劣的最终标准就是企业价值（商业模式价值或者焦点企业价值）的高低，对于上市公司而言，直接表现为股票市值

回到开篇提到的商业模式理论框架必须回答的三个基本问题。业务系统、定位、盈利模式和现金流结构回答了第一个问题——商业模式的形态；企业价值回答了第二个问题——商业模式的评价；关键资源能力回答了第三个问题——商业模式背后的逻辑。因此是一个完整的理论框架体系。

当然，企业家可以用另一种方式分析企业的商业模式——询问问题。

完整的商业模式描述必须清晰地回答以下问题：

（1）企业的消费者是谁？

（2）消费者有什么需求？

（3）企业为消费者提供什么？

（4）提供的产品/服务有什么特点？

（5）企业如何提供产品/服务以满足消费者的需求？

（6）企业如何获得为消费者提供的产品/服务？

（7）在此过程中，企业需要跟哪些利益相关者交易？

（8）交易什么？

（9）怎么交易？

（10）作为一个企业，其收入来源于哪些利益相关者（未必是消费者）？其成本要支出给哪些利益相关者？

（11）采取何种计价方式？

（12）同样的收入来源，从时点上体现为什么形式（先投入后收入还是先收入后投入，一次性投入还是持续投入，一次性收入还是持续收入，等等）？

（13）企业要完成以上的操作手法需要什么资源？

（14）需要具备什么能力？

（15）如何评判不同商业模式的企业绩效？

上文的问题中，对（1）~（5）的回答可以合并为"定位"（包括战略定位、营销定位与商业模式定位，详见后面章节），对（6）~（9）的回答可以合并为"业务系统"，对（10）~（11）的回答可以合并为"盈利模式"，对（12）的回答可以定义为"现金流结构"，对（13）~（14）的回答可以合并为"关键资源能力"，对（15）的回答可以定义为"企业价值"。将上述内容合并起来，就是对整个企业商业模式的描述。

2.5 商业模式与其他管理理论的联系与区别

1. 管理模式与商业模式

管理模式与商业模式的区别主要是理论内涵不同、着眼点不同、管理客体不同，并最终导致对企业绩效的影响不同。

罗伯特·安东尼（Robert N. Anthony）和维杰伊·戈文达拉扬（Vijay Govindarajan）在《管理控制系统》一书中提出的战略实施框架，实质上是管理模式的理论体系。该理论框架认为，管理模式反映了企业的执行机制，分为六个要素：战略、组织结构、管理控制、企业文化、人力资源管理和业绩，管理学的不同子学科属于该体系不同方面的阐述和分析（见图 2-10）。

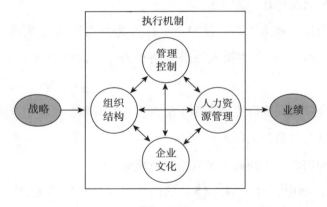

图　2-10

战略决定企业的发展方向，是企业实现其长远目标的方法和途径。

组织结构是按照战略的要求，确定企业由哪些部门和岗位组成，部门与岗位的目标、职责和职权是什么，以及相互关系是怎样界定的。

管理控制指的是企业中的管理流程以及相应的制度和方法，常见的如战略规划流程、经营计划流程、预算管理流程、新产品开发流程、销售管理流程、风险管理流程等。

企业文化是企业内部员工共同的价值观和行为准则。

人力资源管理，则是那些与人力资源的招聘、培养、选拔、考核和激励等相关的工作。

战略通过组织结构、管理控制、企业文化和人力资源管理来实现，业绩是战略实现的结果。

商业模式是企业的基础结构，类似于一艘战舰的构造：不同种类战舰的发动机、船舱、甲板、炮塔、导弹等的结构和配置不同，在舰队中的位置和功能也不同。

管理模式类似于驾驶战舰的舰队官兵：舰队的最高长官，既需要组织分配好官兵的工作，制定出相应的管理控制流程，并建立官兵的选拔、培养和激励等制度，也需要有能够凝聚舰队战斗力的舰队文化。

只有先确定好了整个舰队的配置，构造好每一艘战舰，才能确定需要招募什么样的官兵以及如何提高官兵的战斗力。从这个角度上说，商业模式设计必须先于管理模式设计，商业模式重构的重要性也必然凌驾于战略、组织结构、人力资源等的转型之上。

商业模式是一个企业的运行机制，与人没有直接关系；而管理模式与人有直接关系，是一个企业的执行机制。商业模式调整优化可以从这几个方面中的任何一个或者多个方面着手。当然，每一个方面的调整都会引起或者需要其他方面相应地进行必要的调整和优化。商业模式也是不分行业的，在一个行业有效的商业模式如果出现在另一个行业，对于这个行业来说就是商业模式的创新以致重构。

2. 战略与商业模式

战略指企业实现长期目标的方法，具体包括：加强型战略（市场开发、市场渗透、产品开发），一体化战略（前向一体化、后向一体化、横向一体化），多元化战略（相关多元化、不相关多元化），防御型战略（收缩/重组、剥离、清算）和支持型战略（合资、兼并/合并、收购）。

在具体的战略方面，战略理论的关注点主要在产品、市场、产业价值链的定位，而商业模式除了定位，更注重利益相关者的利益诉求和交易结构，其关注点超过产业价值链的范畴。上文提到的居泰隆，其培训中心、网站、HDS 系统等内部利益相关者是一般家居用品营销企业所不具备的，而厂商和物流方在里面的职能也和传统的定位不一样。

即使是定位，战略和商业模式对其定义也不同。战略中的定位主要关注提供什么产品，为谁提供。换言之，更关注具体的客户及其需求。而商业模式中的定位主要关注如何提供。换言之，更关注满足（利益相关者需求的）方式。因此选择直销还是经销本身是商业模式问题，而经销什么产品、向谁经销等，则属于战略问题。

战略暗含的前提是目标客户群体的大致确定，而商业模式并没有这个暗含的理论前提。先定战略而后定模式，会大大限制商业模式的设计选择集；相反，先定模式而后定战略，则有很多切实可行的战略选择集。因此，先定商业模式，确定好利益相关者和交易结构，后定战略，能够为战略的制定提供一个坚实的现实基础，因此较易找到企业运营的解决方案。同行业不同的商业模式，制定的战略千变万化，企业业绩自然不同。而同一商业模式，选择不同的战略，企业业绩也会不一样。在实际操作中，先定商业模式，后定战略，比较容易找到创新的企业设计解决方案。

3. 价值链理论与商业模式

由迈克尔·波特提出的价值链理论，一般性地把企业内外价值增加的活动分为基本活动和支持性活动。基本活动涉及企业生产、销售、进料后勤、发货后勤、售后服务。支持性活动涉及人事、财务、计划、研究与开发、采购等。基本活动和支持性活动构成了企业的价值链。假如企业做专业化，把价值链的不同环节分出去，就变成了通常说的"产业价值链"。

　　价值链理论基于一个传统的产业划分。划定好了行业和产业，暗含的前提就是确定了交易活动和交易对象。比如，传统连锁家居卖场中的物流、店面管理等。当今的商业世界，不同产业、不同行业之间的触点越来越多，其间的交易活动也越来越多样化，已经很难用简单的价值链或价值网来概括。此外，商业模式设计本身也可以并且需要创造新的交易活动。

　　此外，价值链的基本活动有一个时序的潜在假设，但是随着企业联盟的出现、交易方的增多，很多活动的时序已经不是固定的，而是可变多样的。

　　价值链理论是以活动为中心的，而商业模式理论是以利益相关者为核心的。同样的价值链活动可以由不同的利益相关者实施，其交易结构也可以截然不同。如前文所示，雀巢咖啡的价值链活动前后都是机器和咖啡胶囊的制作与销售，并没有本质性的区别。但是，从商业模式的交易结构视角来看，机器是购买还是授权生产（不管是哪种，雀巢都不需要拥有这个活动环节），咖啡胶囊是通过顾客俱乐部订购还是和机器打包销售，对同一活动选择不同的利益相关者，采取不同的交易方式，最终会形成不同的商业模式，并造成运营效率的巨大差异。

第3章

交易成本最小的商业模式

———

商业模式是企业与其利益相关者的交易结构。交易可以包括两种方式：市场交易或者所有权交易。不管采取哪种交易方式，都有对应的交易成本。

市场交易的整个过程可能会产生以下4种交易成本：①交易前的信息不对称，包括企业对产品的信息优势和客户对自身偏好的信息优势；②交易过程中的策略性讨价还价，为了获取对方的信息，这种谈判可能会耗费双方大量的时间和精力；③交易后长期合同的风险和锁定风险，前者指的是市场情况发生变化，使某一方受损，另一方得益，后者指的是某一方为对方进行了某项专项投资，却有可能招致对方的压价；④众多分散的顾客在面对垄断市场力量时也要承受价格或者质量的不平等待遇，店大欺客，对客人来说也是一种巨大的市场交易成本。

既然这样，索性把市场交易都取消，大家在同一个企业里面，都成一家人了，什么信息不对称，什么锁定，作为客户角色的损失都可以被作为所有者角色的得益所补偿。先不论法律上和现实中是否容许这么大的企业，事实上，单论所有权的交易成本，也是不低的。

所有权交易的成本有两种：集体决策成本和管理人员监控成本。绝大部分的企业都拥有不止一类利益主体，由于它们和企业交易的产品性质不同或者个人偏好不同，要达成一个让众方都满意的集体决策，其艰苦程度可想而知。即使决策出来了，由于所有利益主体不可能都进入管理层，必然要任命一个独立的管理层。企业要监督管理人员，管理人员会采取机会主义行为，都会产生额外的交易成本。

因此，市场和所有权是一对可相互替代的交易方式，采用哪一种，不采用哪一种，衡量标尺就是交易成本。使总交易成本（包括市场成本和所有权成本）达到最低，是企业家设计交易结构的最高目标。

所有权包括控制权和剩余收益索取权。公司制的盛行，使很多人认为出资方拥有控制权和剩余收益索取权是一种天然的制度安排。但是，市场的创造力总是远远超乎我们的想象。雇员、供应商、客户……都可能成为企业控制权和剩余收益索取权的拥有者，从而向我们展现了各种鲜活的所有权交易结构。例如，新奇士是一个供应商拥有控制权和剩余收益索取权的合作社。而最大的银行信用卡联盟 VISA，在上市之前，实质上是消费者（即其银行会员）所有的合作社。甚至，控制权和剩余收益索取权也并不必然要绑定在一起，绝大多数非营利机构就在此列。

所有权交易结构的鲜活案例和其背后的商业模式逻辑每每让我们感叹利益相关者之间博弈的智慧。好吧，就让我们出发，去游览形形色色的所有权交易结构，去领略市场伟大的创造力吧！正如你所预料的，由于投资者所有的交易结构太平常了，我们就直接跳过去，只关注有趣的其他所有权交易结构。

3.1　起点站：农业合作社

和工业的公司制不同，农业最盛行的是合作社。实际上，这种交易结构的安排自有它得天独厚的优势。农户的个人市场力量比较弱小，而在农产品销售、农业配套服务、农产品深加工等市场上，农户往往需要面对巨大的垄断市场力量。农产品有季节性，农户等不起，各自为战的农户在议价上处于绝对的劣势。因此，农户有意愿形成统一的联合力量去和市场上的其他利益方进行交易，这就是合作社。某种农产品的农户一般来说居住地比较集中，利益又相对趋同，这使农户容易达成共识。显然，这主要是为了降低市场成本的最后一项——面对垄断市场力量的成本。

也许有人要问，那为什么很少看到工业农产品企业反过来拥有农场，然后雇用农户呢？这也许和农业的特征有关。农业的投入有季节性，劳作上又很难标准化。假如工业企业拥有农民，首先一年中存在很大的空闲时间，其次对农户的劳作很难进行充分的监督，很难解决规模化效率和监督的问题，这就导致农业合作社盛行而非纵向联合盛行的局面。

农业合作社最好的典范首推丹麦。丹麦最早的合作社成立于1851年，现在合作社遍布农业、消费、信贷、手工业生产、住房、保险、银行等各领域。据不完全统计，合作社产品的市场份额，在丹麦毛皮市场上占到98%，猪肉制品占96%，黄油占93%，牛奶占91%，鸡蛋占65%，水果蔬菜占60%。与之相对应的，是丹麦国内超过总面积3/4的农田。

事实上，丹麦仅仅是整个欧洲农业合作社蓬勃发展的一个缩影。接下来，我们要讲的农业合作社的例子，均来自欧洲，精彩纷呈，各有不同。

一条完整的农业产业链，基本上逃不出生产、服务、销售和融资四种核心业务，相应的，农业合作社至少也有四大类。

3.1.1　生产：供应商合作社——阿斯米尔联合花卉拍卖合作社

顾名思义，生产者合作社由生产者拥有控制权和剩余收益索取权。一般来说，生产者合作社由生产者发起并组成，按照对销售额的贡献分配控制权（也有的合作社按照一人一票分配控制权）和剩余收益索取权。荷兰的阿斯米尔联合花卉拍卖合作社就是其中的佼佼者。

17 世纪的阿姆斯特丹因为郁金香事件闻名全球。虽然，郁金香事件沉重打击了阿姆斯特丹交易所，但是，荷兰的花卉交易却多年雄踞欧洲甚至全球榜首。据统计，荷兰花卉出口额占全世界花卉贸易的 60%，占欧洲花卉市场的 70%，从事园艺生产（包括蔬菜）的面积约占 5%，而创造的价值则占农业总收入的 35%。

鲜花的保鲜要求很高，必须及时出售才能产生经济效益，比一般的农产品时效性更差。因此，农户合作的迫切性自然就更高了。花卉拍卖合作社因此应运而生。拍卖市场把不易保存的鲜花的供需联在一起，用拍卖的方式，在最短的时间里做成交易，实现了高效流通。

荷兰最大的两个花卉交易所是阿斯米尔联合花卉拍卖合作社和纳尔德韦克鲜花交易所。其中，阿斯米尔联合花卉拍卖合作社坐落在有着“世界花卉之都”美称的北荷兰省阿斯米尔自治市，由 14 个基层合作社组成，总共拥有近 5000 名会员。换句话说，阿斯米尔是合作社的合作社。

阿斯米尔的会员拥有合作社的控制权。每两年一次的全体会员大会无记名投票产生 9 名代表组成合作社理事会。理事会下设交易和定价部、后勤服务部、自动化部 3 个主要部门以及政务部、人事部、秘书部和技术部 4 个辅助部门。此外，还建立了一个由花农、专家、科学研究人员组成的监督委员会，对市场经营提出建议和意见。

阿斯米尔占地 10 公顷，地上建筑 72 万平方米，拥有 5 个拍卖大厅，是由合作社投资建设的。每天拍卖的花卉 80% 销往世界各地，20% 销售在国内。这里平均每天卖出 1500 万枝切花和 150 万盆植物，每年销售 35 亿枝切花和 3.7 亿盆植物，年交易额达 16 亿欧元。荷兰花卉市场不仅是其会员花品的销售中心，也成为世界花卉的中介机构。

会员同样拥有剩余收益索取权。阿斯米尔的主要收入来源是向花农提取占鲜花成交总额约 4.3% 的销售手续费（含税金）。年终结算后，每年对下一年的经营形势做出评估，除留下运转资金及适当储备金，保证拍卖市场的正常运转之外，其余则按照全年成交金额的比例返还给花农。值得注意的是，其剩余收益是按照对合作社交易成交额的贡献比例分配的，而非出资金额。这正是合作社的特别之处。

拍卖市场每周开市 5 天，每天清晨 6:30 开始拍卖，9:30 基本收市。只有会员才能在阿斯米尔进行交易。每天早晨，会员把所有花卉产品送到市场，分级后由运输公司晚间运往拍卖市场，供第二天早晨拍卖。大厅墙壁上挂着两个大型电子交易钟，钟上显示花卉品种和价格的红灯不断闪烁，花农的交易方式也极为独特：交易钟的指针从最高标价向低价转动，最先在自己的坐席上按下按钮的客户便可以指针指示的价格成交。凡是在拍卖市场当天卖不出去的花卉都必须当天销毁，被销毁的鲜花按最低价格的80% ~ 90% 给予补偿。

拍卖成交后，一切信息立即被输入中心电脑处理。成交鲜花在包装厅清点、包装，然后运到拍卖市场的发货中心装入集装冷藏货车。集装冷藏货车以最快的速度运至谢尔伯机场上等待升空的飞机，当天晚上或第二天售出的鲜花或其他植物就出现在世界各地的花店里。在巨大的拍卖大厅内，拥有各种经营服务机构，如会议厅、装卸中心、包装车间、冷藏中心、分运车间、运输公司、航空货运站、海关、植物防疫站、银行、会计事务所和各种咨询公司。350 多个花卉出口商和批发商在此设立了办事处。从货运到拍卖，从包装到分运，从转运到转账支付等各个交易环节，运行效率极高。

阿斯米尔为买卖双方提供了良好的服务条件，对花卉保鲜、包装、检疫、海关、运输、结算等服务环节实现了一体化和一条龙服务，此外还具有市场研究、销售管理、海内外促销等职能，并提供购销信息服务。荷兰成为世界上最大的花卉生产基地和交易市场并非侥幸。

3.1.2　服务：顾客合作社——居马

农业服务合作社，是负责农业服务环节的合作社，比如饲料、种子、农业机械等，实际上是一种顾客所有的合作社。购买农业机械的居马就是一个例子。

据有关资料，1950 年法国有农业人口 990 万人，劳力 650 万人，每个农业劳动力负担耕地面积 3 公顷。到 2003 年，农业人口占总人口的比例已减到 2.2%，农民人均占有耕地达 10 公顷以上。法国农业的巨大发展和不遗余力推动农业机械化是分不开的，而这里面，法国政府大力支持的居马功不可没。

居马，即法文 CUMA，共同使用农业机械合作社之意。居马由一些经营农场（至少 4 个）组织在一起，共同购买并且共同使用农业机械。众所周知，现今农业的各个环节几乎都需要使用农业机械，播种、收获、耕种、喷药、施肥……都难以靠人力独立承担。而且，机械的使用具有季节性，有的一年就用一次。农业机械都价格不菲，平均价格都在几十万法郎以上。要购买农业生产环节需要的所有机械，至少在几百万法郎之数，是任何农场都难以独力承担的，况且从投资效率上来看也完全没必要。

因此，在法国政府的大力推动下，20 世纪末法国的居马总数已经达到了约 15 000 个，会员 25 万人，大约每 3 个农业经营者就有一个是居马的会员。

居马是如何运行的呢？居马一年召开一次全体大会，由全体会员大会选举管理委员会和办公室。办公室一般由主席、副主席、秘书、财务主管等组成。根据实际情况，人员可增加，也可以减少。规模较大的居马可再增加一名副主席和一位秘书。规模较小的居马可不设立秘书。农场主加入居马没有地域限制，他可以加入另一个村庄的居马，也可以加入别的省的居马。此外，一个农场主根据其需要和意愿可以加入几个居马，一个较小的居马也可以以会员资格加入另一个居马。特殊情况下，会员可以退会，但居马只退还社会资本金部分给其会员。

居马刚成立时，政府给予一定的启动费（根据会员人数多少而定）。对于居马所购买的机器，根据机器类型的不同，政府提供相当于机械购买价值15%～25%的无偿援助。政府还给居马提供特别中期贷款。这项贷款条件相当优惠。

因此，居马购买农业机械的资金来源于3个渠道：优惠贷款、自有资金和政府补贴。虽然不同年份有细微调动，但基本按照6:3:1的比例执行。其中，会员需要负担的仅仅是自有资金部分，并且只是自己需要使用的时间部分。

打个比方，假如居马要购买一台价值10万法郎的施肥机械，那么，按照6:3:1的比例，会员需要平摊3万法郎的自有资金。每个会员该出多少呢？很简单，假如有5个会员，分别承诺每年使用时间分别为20、15、30、20个小时，那么，总使用时间就是100个小时，因此每个小时使用费300法郎，对应的，5个会员的自有资金平摊费用则分别为6000、4500、9000、6000、4500法郎。因此，任何一个农场主都可以用不到1/10的成本拥有农业机械的所有权——其中包括使用权。事实上，一般来说，每个居马的人数都要远远超过5个人，也就是说，农场主需要付出的成本将会更低。

居马解决了农场之间小量需求的集中化，节约了农场的成本。然而，居马并不仅仅是个农业机械的合作社，一个居马同时也是一个农业经营者团体，其会员可以经常聚集在一起，从事一些农业研究，解决他们自己农场中的一些问题，还可为省大区农会、居马联合会提供决策依据。事实上，居马已经成了一个农业的社区共同体，不但在居马内部，就是在居马之间也已经形成了"一方有难八方支援"的良好氛围。

这里面，法国政府的补贴和优惠贷款是最关键的因素。当然，法国政府也从这里面受益匪浅，除了农业的发展，居马的出现，使多个农场共同购买使用机器，加快了机器的更新换代，及时推广和采用功能更强、效率更高、能生产更优质农产品的新型机械。反过来，农业的机械化又极大地促进了工业的发展。

3.1.3 销售：顾客合作社——米格罗合作社

销售合作社，指的是由销售终端或者零售商拥有控制权和剩余收益索取权的一种合作社，本质上也是一种顾客所有的合作社。一般由销售终端或者零售商合作建立，并按照各自的销售贡献分配控制权（也有可能是一人一票）和剩余收益索取权。

瑞士的销售合作社是欧洲各国发展最成功的，其中，就有闻名遐迩的米格罗（MICRO）和高普（COOP）。米格罗和高普的市场份额合计超过70％。它们的强大可以用一个简单的例子说明：家乐福在 20 世纪 60 年代进入瑞士，1991 年退出，把设施卖给了米格罗；2002 年卷土重来，与日内瓦莫氏兄弟集团合资经营超市，到 2006 年，家乐福在瑞士仅拥有 12 家大型超市，2006 年营业额仅 10 亿瑞士法郎，占市场份额的 1％，未达到"生存所需临界规模"。2007 年 8 月 21 日，家乐福宣布，以 4.7 亿瑞士法郎的价格把该集团在瑞士的全部 12 家大型超市卖给高普，宣布撤出瑞士。两次进入，两次撤出，毗邻瑞士的法国零售业巨头家乐福两番铩羽而归，足见瑞士国内销售合作社的强势。而米格罗尤为其中翘楚。

米格罗合作社由瑞士商人华纳夫妇创建于 1925 年，至今已有近百年的历史。"米格罗"法语意思为"半批发"，起初是一个股份有限公司。1940

年，华纳夫妇将所持公司的股金按 10 瑞士法郎一份作为入社股金分赠给了米格罗公司的忠实顾客（合计 1600 万瑞士法郎），把公司改组成了合作社。10 瑞士法郎一份的入社股金此后成为一种传统延续了下来。此后历经数十年的曲折发展，如今米格罗合作社已成为瑞士最大的合作社企业集团。

和阿斯米尔一样，米格罗也是一个合作社，有 12 个社员社。各地区组织经营零售业务，联合会则负责提供商品、生产、财务、系统开发及与此相关的统筹性质的服务。米格罗实行财务统一管理和核算，各个社员社的资金由总部集中管理和使用，以求在集团内部最大限度地有效利用流动资金，尽量减少从集团外部借入资金。通过业务、财务、服务等诸多方面紧密联结，米格罗联合会与各社员社之间构成功能上的整体。

米格罗拥有全欧洲零售业中效率最高的物流系统。米格罗的物流成本率为 8.2%（工厂到商店 3.4%，商店内 4.8%），以可比销售价格计算的竞争对手相应成本率为 10% ~ 12%。每个社员社拥有 1 个自己的配送中心，每个中心可以负责 20 ~ 50 个店的配送任务。中心到各店的平均距离为 30 公里，到最远的店铺最多一个半小时就能到达。所有的配送中心都铺设了铁路专用线，62% 的货物都是通过铁路运输来完成的。配送中心负责食品类货物向商店配送，非食品类则由联合会直接配送。

米格罗经营真正的正牌商品，自有品牌商品占所经营商品的一大半。1984 年以前，国际品牌商品在瑞士国内仅限米格罗经营；1970 年起经营"米格罗—健康"商品，主要指减少使用农药、化肥的农产品，瑞士生产的蔬菜和水果 2/3 是"米格罗—健康"商品。米格罗向社员社配备农业专家，对合同农户进行生产上的指导和管理，按照米格罗的规格和标准生产，最初由水果和蔬菜开始，后逐渐发展到小麦、牛奶和肉类。此外，还开发出了最大限度减少使用农药、化肥和添加剂的"米格罗—生物技术"产品。

在主营零售业的同时，米格罗还拥有生产企业，生产"米格罗"品牌的商品。由于有强大的生产体系支撑，米格罗商品的零售价格按优质原材料的费用、适当的工资、运输及营业的最低成本、适度的利润等计算，必需品的价格一般要比普通商店便宜 15% ~ 20%。

此外，米格罗还经营旅游、保险、银行、加油站、物流、水运、印刷、图书音像制作等业务。米格罗拥有 50 多个培训俱乐部，年授课时间累计超过 1000 小时。

米格罗合作社每年召开一次处理盈余的社员代表大会，按照民主制原则进行管理，由社员代表选举的 113 名代表组成的社员代表大会为最高决策机构，代表大会再推选 26 ~ 33 人组成理事会，负责代表大会闭会期间的工作，理事会当中的 5 人组成经营执行委员会，负责监督日常经营活动。

米格罗的职工在退休时都能获得高额养老金，其额度是退休时的工资乘以工作年龄再乘以系数 2%。以 35 年工龄为例，退休时可领取退休时工资 70% 的养老金。米格罗养老金基金拥有并管理着庞大的资产。比如，米格罗绝大部分经营用地都归养老基金所有，养老基金因此每年都可以获得可观的租金收入。

按照章程，米格罗每年捐赠约 1 亿美元（占总部经营额的 1%、社员社经营额的 0.5%），用于文化、社会、政治经济等领域。近年来，米格罗积极推行多项具有前瞻性的环境政策，在世界上获得了高度评价。1995 年，"米格罗"在瑞士开设了第一家使用氨而不是氟利昂做制冷剂的冷藏设备商店。

3.1.4 融资：顾客合作社——荷兰合作银行

融资合作社，即为股东提供融资安排的合作社，其主要形式为农村信用合作社和合作银行，一般由参股的农民拥有控制权和剩余收益索取权。虽然很多大银行是由出资方投资设立的，因此由投资者控制并索取剩余收益，但是，和投资者所有的银行相比，其他方式拥有的融资合作社的绩效也毫不逊色。荷兰合作银行就是一个典型。

荷兰合作银行是由荷兰数家农村信用社于1973年合并而成的合作银行，主要从事农业、农业机械和食品工业等行业的金融交易，是荷兰的第二大银行，世界第31大银行。

其实，荷兰合作银行的历史应该追溯到100多年前的信贷合作社，它的原始资金由农民共同筹集。在此基础上才有了1973年由500多家独立的合作信贷组织组成的荷兰合作银行。荷兰合作银行有近400个地方合作银行和2000余个分支机构，2005年的资产总额达5060亿欧元，纯利润约为21亿欧元，核心资本比率11.6%，股本回报率9.1%。集团在全球37个国家设有1500多个分支机构，私人及企业客户达900万名，在荷兰拥有150万名会员。

荷兰合作银行实行地方成员行和中央合作银行两级组织结构，地方成员行自下而上控股中央合作银行。在内部实行共同担保，对外则统称荷兰合作银行，以增加信誉度。银行主要从事支持社员农业生产经营相关的各种金融服务活动，包括保险、租赁、投资、农业经营等。

合作组织将成员行的业务限制在各自所在地区内。除非有中央合作银行批准，否则合作成员都须遵守有关规定，仅向自己所在区域的机构和个人客户提供业务与服务。成员可以根据投票权，自由选择其本地成员银行的董事会和监事会。

成员行之间实行内部交叉担保体制，成员机构一旦出现支付问题，其他成员机构必须承担担保责任，为其补充资金。在荷兰合作银行历史前期，成员的责任是无限的。直到1980年，新合并不久的中央合作银行建立了内部财务架构后，成员的责任才相应地减少。虽然部分强制性的会员责任与义务被取消，但各银行仍然依靠其成员进行偿债担保。如今，独特的交叉担保结构仍然能够确保荷兰合作银行整体的实力。

各成员银行实行自治，中央合作银行的作用是为既是其股东同时也是其成员的地方银行提供服务。合作组织的目标是通过提供各类银行服务，提高其成员行和客户的利益。与商业银行不同，即使在经济发展不理想的阶段，合作组织也会继续为其成员提供支持。

中央行与地方成员行的业务往来严格按市场原则进行，中央行不允许对地方成员行随意调动资金和不尊重地方成员行及其利益。地方成员行要最大限度地满足当地成员及客户的基本服务需要，尽可能多地利用中央行的标准化服务，减少管理和经营成本。中央行除对地方成员行提供服务和进行风险、合规管理外，还要开展自己的经营业务，为地方成员行提供的服务都要按市场价格收取费用，具有业务经营权和自身盈利功能。每年中央行都会按照股份（按照地方行的资产按比例分配）对地方成员行分红，构成地方成员行的利润。地方成员行的利润不向其成员分红，全部用于储备和作为积累，以此增加资本金。荷兰合作银行资本充足率任何情况下都保持在不低于 10% 的水平（一般银行最低要求为 8%），抵御风险能力很强。

荷兰合作银行主要为农业经济提供金融服务，在荷兰拥有 85% 的农业贷款份额。荷兰合作银行对农业借款人采取了联保的方式。借款人不还款，对于联保成员就会有影响，联保成员就会迫使借款人归还贷款，这种联保贷款的回收率非常高。荷兰合作银行的信贷流程严谨，规定详尽，如有违犯，任何监督层面都可以以此为依据提出意见。在过去的 100 多年历程中，荷兰合作银行贷款回收率年年超过 99%，尤其是近几十年，一直保持在 99.5% ~ 99.8%，已连续数年被《全球财经》杂志评为"最安全银行"首位，连续 20 多年获得了标准普尔及穆迪的 AAA 评级。

虽然没有在证券交易所上市，也没有资本股东，但是，荷兰合作银行集团非常重视自己的治理结构，竭力遵循国际公认的相关准则。在执行董事会、监事会、中央代表大会和全体成员大会的合作体治理结构外，2005年，荷兰合作银行还设立了一个员工代表组织——成员行员工委员会，代表成员行的员工与管理层讨论涉及地方成员行在合作中的相关问题。

在荷兰，对农业部门的银行信用业务 90% 由荷兰合作银行提供，此外荷兰合作银行还提供了荷兰中小企业 40% 和大公司 15% 的银行信用服务，并占据私人储蓄存款市场的 35% 和居民抵押贷款市场的 25%。

3.2　第二站：住房合作社——瑞典的经验

2010 年，我国绝大部分大城市的房价上涨幅度都超过 50%，"地王"更是此起彼伏。这也导致了国家政策频出，从营业税减免年限到拿地首付，部分大城市房价上涨过快的趋势得到了遏制。

房子是个普遍的问题，古今中外概莫能外。我们不妨看看瑞典是怎么做的。

瑞典的住房建设大致可以分为 3 种模式：政府直接投资、合作社投资和私人投资。一般来说，公寓等多户住宅由政府房地产公司建造，合作社建造的多户住宅占 1/4，独户住宅绝大多数由私人或私营营造公司建造。对于中低收入家庭来说，获得住房主要体现在政府投资建房和合作社建房上。这里要讲第二种模式：合作社投资。

瑞典的住房合作社起源于 20 世纪 20 年代。当时瑞典住房的居住条件比较差，没有厕所，厨房拥挤。于是，斯德哥尔摩一些知识分子就发起组织了一个住房合作社，为中低收入者提供居住条件较好的住房。很快地，住房合作社在全国开始盛行，以至于 1950 年瑞典颁布法规，规定了住房合作社如何成立。目前瑞典全国各地都有住房合作社，总数为 20 000 多个。一个住房合作社所包含的家庭，少则有 20 个，多则能达到 200 多个。同时还有众多的住房合作社协会，成立于 1933 年的 HSB（承租人建房储蓄联盟）就是瑞典一个比较大的住房合作社协会。它有 50 个城市地区协会的 4000 个住宅合作社、63 万个家庭参加，经营住房达 50 万套，由 63 个省、市级住房合作协会组成，辖有 4000 个基层住房合作社。现有会员 60 多万个家庭，约占全国住房的 80%。HSB 源于 19 世纪 20 年代，按照会员入会时间长短和储蓄额的多少决定住户取得住房的次序。HSB 自成立以来，共向社会提供了 50 多万套住宅，目前每年为会员提供 5000 套左右高质量的住房。

住房合作社首先因为一个建房或购买改造公寓楼的计划而发起，实际上是一个由多人组成的法人团体，有独立的预算，其主要任务是以集体法人的形式面对银行，跟银行谈贷款条件。法人团体的贷款条件一般会比个人建房优惠得多，额度也大，节省下来的钱可以降低住房成本，这正是住房合作社成立的初衷。

以 HSB 为例，其成员入会要交 500 克朗作为入会股份，如退会可以退还，以后每年交 70 克朗会费，入会后成年人每年储蓄 1200 克朗（相当于个人税后每年收入的 1%~1.5%），16 岁以下的未成年人储蓄 600 克朗，一般储蓄 8~10 年就可以获得住房。首次付款以储蓄抵付约占 1%，房价的 29% 由政府提供年息 2.6% 的低息贷款，以后每年递增 0.25%，直到与市场利率持平。其余 70% 为抵押贷款，利率按市场利率计算。因此，实际上个人只需要支付 1% 的房价就可以得到住房，其余的 99% 基本可以靠贷款解决，而且，贷款的年限基本都是几十年，个人没有太大的还款压力。

除了银行贷款，住房合作社由于具备一定的市场力量，以成本价建设，去掉了开发商的利润、施工和销售环节，成本得到进一步的降低。而且由于都是业主申请成立的，也就不会出现滞销或者"空置房"，资源得到了充分的利用。

加入住房合作社，除入会要交一笔钱之外，成员每个月还要为合作社分担一笔费用，其中包括整栋公寓楼甚至整个住房合作社的债务资本支出，同时还有一笔公共分摊的维护修缮、日常清洁、取暖等费用。费用的高低取决于合作社的财务状况，并不完全一致。虽然价格不菲，但一般来说还是要比个人按揭便宜一些。

每个住房合作社都有组织公约和管理条例，也有预算的审定以及审计机制。组织公约和管理条例规定了参与共同管理的方式和范围，例如房屋装修、垃圾处理、周边配套、停车、环境绿化问题等，还有房屋能否出租的问题（这样可以以租金形式加速偿还贷款）。同时，住房合作社还兼备物业管理公司的职能。

住房合作社的成员都享有投票的权利，以参加社员大会的形式投票选举组成委员会，一般不超过四个人，分别负责物业管理、法律事务、经济预算和对外沟通等事宜。委员会负责人有任期限制，会员定期投票，认为负责人合格了就可继续留任，否则就要换人。

住房合作社作为三大主流建房模式之一，为瑞典的住房发展做出了巨大的贡献。瑞典是世界人均住房拥有量最高的国家之一。到 2006 年年底，瑞典住房存量达到 4 435 903 套，相当于 2.1 个人就有一套住房。

3.3　第三站：雇员合作社——蒙德拉贡

之前我们讲的合作社有供应商所有的，也有顾客所有的。按照传统的观念看，这些都是外部利益相关者，但是他们都不同程度地取得了所有权，也就是控制权和剩余收益索取权。实际上，传统的内部利益相关者同样可以获取控制权和剩余收益索取权，比如雇员。

事实上，作为一种交易结构，雇员合作社并不少见。大家熟知的合作制，就是其中的一种表现形式。合作制在律师、会计师、咨询等行业都很普遍，这会让人产生一种错觉，似乎只有知识密集的行业才能产生雇员合作社。事实上，雇员合作社的生命力要比想象中更强劲。

说到雇员合作社，一个绕不开的典范就是西班牙蒙德拉贡合作公司。多年来，蒙德拉贡（Mondragon）[⊖]已经成为鼓吹雇员合作社的典范。

蒙德拉贡是西班牙北部巴斯克自治区的一个山区小镇，因有一座山常年有雾带状云彩笼罩而得名（Mondragon 意为"龙山"）。蒙德拉贡第一家合作社成立于 1956 年，只有 24 名会员，主要生产小汽油炉和加热器。这家合作社把每年利润的一小部分放在会员的"资本账户"上，其余的大部分用于投资。

1958 年，西班牙政府以合作社成员是"自雇者"为由着其不得领取社会福利和失业津贴。合作社利用这个契机，以会员"资本账户"起步，成立银行，并用优惠的利息吸引当地居民存款，壮大合作社资本。银行的企业部门在合作社董事会的指示下帮助成立新合作社，并逐渐成为蒙德拉贡成长的引擎和稳定的关键。

蒙德拉贡早期的发展是引人注目的：从 1956 年建立到 1986 年的头 30 年里，设立的 103 个合作社，只有 3 个关门，还经历了从 1975 年开始长达 10 年的西班牙经济萧条。

1986 年西班牙加入欧共体，很多资本主义大公司涌入西班牙。在此之前，为了应对竞争，蒙德拉贡已经逐渐用合作社代表大会取代银行的枢纽作用，使银行和合作社的关系开始分离。1985 年，银行投资到合作社的资源不到银行总量的 1/4。

同时，为了迅速、集中决策，会员大会决定，在原来合作社的松散领

⊖ 部分资料来自 "Can Coops Go Global? Mondragon is Trying"，美国 *Dollars & Sense* 杂志 1997 年 11/12 月号。

导群中成立蒙德拉贡合作公司。蒙德拉贡合作公司是西班牙巴斯克地区最主要的工业、金融和商业集团，发展成为集工业、农业和农产品加工业、商业、金融、教育和培训、科研和信息、服务等120多个合作社为一体的跨行业合作制联合体。公司下设金融、产业、分销三大子集团。2004年，其全球营业额高达191.41亿欧元，成为欧洲乃至世界最大的合作社集团。

蒙德拉贡有四个核心价值观：合作、参与、社会责任和创新。按照这四个理念，蒙德拉贡形成了合作社的十大原则。

（1）自由加入。不同宗教信仰、不同政治观点、不同民族和不同性别的人，在加入合作社时不受歧视。

（2）民主管理。蒙德拉贡的最高权力机构是全体职工组成的社员大会；社员大会遵循"一人一票"制；所有社员在占有和了解信息方面权力平等。

（3）劳动者主权。劳动者享有合作社最高权力，包括分配劳动成果的权力。

（4）资本处于从属辅助地位。资本是一种工具，从属于劳动，资本的积累应当与个人贡献挂钩。

（5）社员参与管理。所有社员实行自我管理并通过多种渠道参与合作社管理。

（6）报酬的一致性。蒙德拉贡内各合作社实行统一的工资确定方法；合作社按工作岗位、工作业绩的不同，制定不同的工资标准，以体现社员对合作社的贡献；所属合作社或子集团间社员工资水平不出现太大差别。从整体看，蒙德拉贡普通员工的工资高于社会平均水平，而领导层工资则低于社会平均水平。

（7）合作社之间的合作。通过建立统一的、可以流动的劳动制度，以及实行生产经营上的协作，蒙德拉贡促进内部利益共享。此外，蒙德拉贡还与巴斯克自治区的其他合作社以及西班牙、其他欧盟国家和世界各地的合作社广泛合作，促进合作社运动的全面发展。

（8）推动社会变革。蒙德拉贡致力于推动社区经济发展和社会进步，包括创造就业机会，建立社会保障制度，创办公益事业等。

（9）普遍合作。主张实现和平、公正和发展的目标，主张缩小贫富差别。

（10）发展教育。集团投入必要的人、财、物，以发展各方面的教育和培训，使合作社成员深入了解合作社的原则和制度，提高专业素质和水平。

由上可见，跟很多投资者所有的公司不同，蒙德拉贡是个不折不扣的雇员所有的合作社。

蒙德拉贡的最高权力机构是社员大会，每年至少召开一次，如果执行委员会占 1/3 的社员要求，可随时召集。社员大会选举管理委员会成员（一般为 9～12 名），实行两倍差额选举产生，构成最高管理机构，负责对合作社的管理和业务指导，任期四年，每两年换选 50%，可以连选连任。落选人员依得票多少在现任委员出缺时次序递补。委员会主席也实行差额选举，由社员大会直选产生。所有委员均为兼职，无专门报酬，只有规模大的合作社委员会主席为专职。管理委员会的权利和义务有：任免和监督经理或厂长，批准成员的加入或退出，提交年度报告和统计报表，向成员大会建议利润分配方案等。

蒙德拉贡还有一个社会委员会，由合作社成员所在的工作集体（如车间、班组、事业部等）选举产生。委员任期两年，每年改选 50%。社会委员会负责社会保障、工资制度、劳动卫生、福利工程等社会性事务的咨询工作。管理委员会或总经理拟决定的所有重大事项，须先通过社会委员会征求社员意见，社会委员会根据社员意见向管理委员会或总经理提出决策建议。建议未被采纳时，社会委员会可按照合作社章程决定是否将意见提交社员大会表决。

合作社还设有审计委员会，一般由三人组成，由社员大会选举产生，主要负责审计合作社的年度财务报告。只有经其审计批准的财务报告才能提交社员大会讨论。

蒙德拉贡的收入有四个来源。

（1）社员入社交纳的经费。其标准由管理委员会提出并经社员大会批准。早期的入社资金约合1000美元，后来提高到约10 000欧元。这一标准大约相当于当地创造一个就业机会所需成本的10%，若一次性交纳有困难，可分两年分期付清。

（2）社员缴纳的额外借款。除规定的金额外，社员还可自愿决定投入更多资金，但这部分资金只作为借款，合作社以比银行利率高约2%的水平支付利息。

（3）利润的资本化。公司每年利润的30%~70%都存在储备基金里。

（4）合作社利润资本化以后带来的收益。

蒙德拉贡的支出有两部分。

第一部分，付给员工的工资。各合作社职工工资水平与西班牙同行业企业比较，一般工人、初级技术水平人员的工资高于社会平均水平，中级技术人员的工资与社会平均水平相当，高级技术人员和高级管理人员的工资要比社会平均水平低很多。内部职工之间工资水平差距并不大，合作社成立初期的工资差距为3:1，以后逐步扩大到8:1。

第二部分，存到社员"个人资本账户"的资本分红。合作社年度利润的至少10%用于教育培训，50%用做企业储备基金，其余部分作为"合作社福利"，按社员工时及工资比例分配，并全部累积到"个人资本账户"。入社资金的利息（利率7.5%）在年底以现金支付给每一个成员。账户资金归社员所有，留合作社使用，社员只有到退休或离开合作社时才可提取。如果社员转到一家与合作社有直接竞争的企业工作，则合作社最多可以扣除其账户金额的 20%。社员去世时，个人资本账户可以兑现退还给其法定继承人。

不难发现，不管是收入模式还是支出模式，蒙德拉贡都既考虑到了社员短期的需求，又满足了社员长期发展的需要，因此得到了社员的一贯支持。蒙德拉贡多年出色的业绩也就不足为奇了。

近年来，为了应对全球化，蒙德拉贡在低工资国家，例如埃及、墨西哥、阿根廷、泰国等建立工厂，发展非社员的员工。在西班牙本土也开始大量出现非社员的员工。目前，蒙德拉贡有 1/3 的非社员员工，已经远远超过原来承诺不超过 10% 的比例。这一方面使规模膨胀（包括地域的扩张）所带来的集中决策成本上升，另一方面非社员享受的福利不如社员，其市场交易成本会小于新社员的所有权交易成本。因此，在一定阶段后，为了保持原社员的利益，自然会引入一定数量的非社员。

2008 年，在金融危机下，蒙德拉贡联合集团的营业额仍达到了 167 亿欧元，名列西班牙前十大公司之列。其投资额超过 13.24 亿欧元，全球雇员达 92 773 人。

3.4　第四站：无所有人——各种非营利机构

在我们之前举的例子里面，实际上都有所有人。所有人通过贡献某方面的资源或者能力——供应产品、付出劳动、销售产品等，取得对企业的控制权和剩余收益索取权。然而，在我们身边有很多非营利组织，它们并没有所有人。实际上，它们拥有管理层，但管理层严格按照组织建立时设定的规章制度执行，因此，实际上管理层并没有控制权（即使是成立多年以后，捐赠人依然可以用脚投票，选择是否支持某一个非营利机构）；非营利机构不向管理层分配剩余收益，而并非不能产生盈利，只是盈利留存在机构内部，作为再投资的来源而已，因此，管理层同样不具备剩余收益索取权。非营利机构实际上是没有所有人的企业。实际上我们熟知的红十字会、希望工程之类的慈善机构都属于非营利机构。

以中国红十字会为例，其章程规定："全国会员代表大会的代表由总会和地方红十字会推选的会员代表以及与有关部门协商产生的代表和特邀代表组成。代表比例由上届常务理事会根据会员人数和红十字事业发展需要决定。全国会员代表大会由中国红十字会理事会召集，每五年召开一次，如遇特殊情况可提前或延期召开。"全国会员代表大会选举中国红十字会理事，修改《中国红十字会章程》，审查批准理事会的工作报告，批准理事会提交的工作规划，决定中国红十字会的重大事项，实际上是中国红十字会的最高权力机构，而从章程中可见，其组成除了会员，还有政府等部门的代表，并不存在一个有控制权的特别利益相关者。

中国红十字会的经费来源有四个：

（1）红十字会会员缴纳的会费。

（2）接受国内外组织和个人捐赠的款物。

（3）动产和不动产的收入。

（4）人民政府的拨款。

红十字会对会费的使用，按《中国红十字会会费收缴与管理办法》的规定执行；对接受境内外组织和个人定向捐赠款物的使用和管理，按《中国红十字会募捐和接受捐赠工作条例》的规定执行。

红十字会的所有经费均必须用于慈善事业以及相关的活动，不产生剩余收益。而其理事会任期五年，换届选举，连任一般不超过两届，这也杜绝了管理层控制红十字会的可能。

为什么慈善机构要采取无所有人的方式？要回答这个问题，首先要先问，都有哪些利益相关者可以作为备选，成为慈善机构的所有人？

首先，捐赠人？捐赠人数目繁多，分布很分散，要捐赠人联合起来组成一个合作社对慈善机构进行监督和管理很困难。

其次，受赠人？这同样不可能。他们同样数目繁多，分布分散。而且，从本质上来讲，他们并不是为慈善机构贡献收益的利益相关者（因为受赠是免费的）。

最后，管理层或者雇员？管理层或者雇员的辛勤劳动在一定程度上可以提升慈善机构的管理效率和捐赠效益，为机构的长远发展做出了一定贡献。但是，其贡献相对捐赠人而言并非不可或缺。假如同样有两个慈善机构摆在捐赠人面前，一个由管理层或者雇员控制并获取剩余收益，另外一个没有所有人，所有捐款均放入慈善事业，不产生剩余收益，你猜捐赠人会选择哪一个呢？

和管理层和雇员不能成为所有人的原因类似，自然也不可能出现原始出资方作为所有人的模式。因此，无所有人成为慈善机构的主流模式是有道理的。

3.5　第五站：另一种慈善机构——社会企业

2006 年的诺贝尔和平奖颁发给了孟加拉的"穷人银行家"尤努斯，以表彰他多年来以小额信贷帮助很多穷人战胜贫困的努力。[⊖]

在获奖感言中，尤努斯提出了社会企业的设想，并认为，与传统的慈善机构相比，社会企业将更有效率，也会使慈善事业更为持续。

在尤努斯的设想中，社会企业有两种形式。

第一种形式，企业本身追求利润最大化，按照股份数定时向股东分红，

⊖　部分内容参考《新的企业模式：创造没有贫困的世界》，（孟）尤努斯著，鲍小佳译，中信出版社，2008。

穷人通过以折扣价购买到的股票持续享受企业发展的长期获利（初始资金来源可通过小额信贷解决，后期以分红还贷）。典型的例子就是格莱珉银行。目前，格莱珉银行的贷款者拥有银行94%的股权，另外6%为政府所拥有。股东可以投票选董事会，也有资格成为董事会成员，是真正意义上的"穷人银行"。

第二种是尤努斯极力推荐的慈善模式（也是这部分的重点）。投资者出资建立社会企业，社会企业通过运营后产生一定的利润，一部分分期还给初始投资者，一部分作为留存收益继续投资。当投资者分期收回全部原始投资后，仍然拥有这家公司的所有权，可以选举管理层，但之后的利润将永远不分红，持续投入企业运营。也就是说，社会企业是"不分红，不亏损"的企业。

社会企业必须为其产品和服务收取一定的价格和费用，并保证足以回收全部成本，才能不依赖外来的资金持续运作，持续地提供社会服务。因此，社会企业同样需要企业家精神的投入。那些在利润最大化企业取得巨大成功的企业家在回馈社会的动力下，将有可能成为"社会企业家"的一员。

由于不分红，社会企业可以把产品售价定在仅能保本、微利的水平，并用利润扩大规模、开发新产品和服务，为社会和人类带来更大的福祉。和利润最大化的企业相比，由于不分红，没有逐利之心，社会企业可以更侧重于社会目标的实现，"给企业相关人的生活带来社会福利"。比如：

- 为既定的穷人市场和营养不良儿童制造并低价销售高质量、高营养食品。
- 提供穷人可负担的医疗服务。
- 向乡村开发并低价出售可再生能源。
- 由于利润过低，很多利润最大化的企业不愿意承担的项目，如回收垃圾、污水或者其他废弃物等。

投资者通过社会企业一方面实现了提升社会价值的目标，另一方面又可以回收成本——他完全可以把这部分资金重新投入一个新的社会企业，或者就此做罢，转做他用。

尤努斯认为，社会企业有肥沃的成长土壤。

- 现有追求利润最大化的企业希望开发自有的社会企业。只要把一小部分利润投资进社会企业，它们就可以实现社会责任，还能收回成本，循环投资，达到最好的投资效果。
- 现有慈善基金会可以分出一部分资金投资社会企业。这不但可以提升社会福利，这部分资金还不会被消耗，可以不断增殖。
- 政府、国际和发展援助机构（如世界银行）可创建独立的机构资助社会企业。
- 刚毕业的大学毕业生将有可能受到理想主义和社会责任的感召创立社会企业。
- 或许可以创立一个专门交易社会企业的股票市场，评判的不是利润，而是各种社会目标的实现，例如，降低贫困率、提高识字率，等等。

社会企业应该向穷人收取成本价，而对富人收取市场价，为此，社会企业必须做好市场细分，并采取一定的策略区分客户。例如，用不同档次的包装面向不同目标市场，富人将会因为觉得不符合身份而选择高档高价的包装；或者，把工厂开在离农村更近的郊区，从而保证产品（例如，格莱珉达能的酸奶）更多地出现在农村，而不是城市的货架上。

因为承担额外的社会责任，社会企业在同等条件下能更受顾客的青睐，但是社会企业不能仅仅靠"有一群好人出于好的目的设立的企业"这个特质就取得成功。在尤努斯看来，社会企业必须能够与传统的利润最大化的企业相互竞争，为顾客提供高质量的产品和服务，通过做到最好来吸引顾客并保持忠诚度。因此，社会企业的效率未必比利润最大化的企业低，其运营和设计更需要商业模式的智慧和企业运营的水平。

经过 20 多年的试验，截至 2006 年，以格莱珉银行为中心，尤努斯已经发展了 25 个组织，这些组织统一被称为"格莱珉公司群"（Grameen family of companies），其中有我们熟悉的格莱珉银行、格莱珉电信、格莱珉达能、格莱珉保健医疗服务等。这些组织都以社会企业的理念建立，并先后实现靠企业利润滚动持续发展。

3.6　终点站：市场交易和所有权交易的平衡——兼论晋商

不管是市场交易，还是所有权交易，企业家都是为了获取最大化的利润，因此，降低总交易成本是最现实的做法。但是，由于企业涉及多方利益相关者，把所有权配置给哪一方，就成了考验所有权交易结构设计师的最大难题。

一般而言，如果某一方利益相关者承担的市场交易成本最高，同时在企业涉及的所有利益相关者当中他们的所有权交易成本又最低，这类利益相关者无疑是最有效率的所有人。用商业模式的框架诠释则是，可以用不同的方式拥有关键资源能力，其中市场交易成本低廉的采取市场购买，市场交易成本过高的则要评估其所有权成本，必要时可以把它设计进所有权交易结构。

所有权涉及控制权和剩余收益索取权，后者只要按照贡献份额按比例分红，分歧就会比较小；前者则需要多方的博弈达成共识，对利益相关者的同质性要求较高，因此一般要求所有权只配置给同一类利益相关者。如上文所示，蒙德拉贡的所有权只配置给雇员，居马的所有权只配置给购买农业机械的农场主。

晋商把财股（管理权、部分剩余收益索取权）牢牢攥在手中，而把身股（经营权、剩余收益索取权）作为激励掌柜和伙计的方式，近年来大受推崇。

从纸面上看，这的确是天衣无缝的所有权交易结构：投资方、管理层和雇员都在为企业的蒸蒸日上贡献自己的力量。但正如前面所言，本质上投资方、管理层和雇员的利益不会是完全一致的，其利益斗争的结果就是不能长久。

（1）东家和掌柜的利益不平衡。实际控制权和一部分剩余收益索取权都配置给了管理层，也就是大掌柜。虽然东家有辞掉大掌柜的权力，但掌柜已经掌握了全部的生意来往。因此从长期来说，极有可能形成"仆大欺主"的现象。

（2）掌柜和伙计的利益不平衡。同样是身股，掌柜的权力远远大于伙计，虽然说这对伙计是种激励："做好了你可以上去！"而对掌柜是一种警示："做不好你要下来！"但实际上，这种制衡把握不好就会变成斗争。虽然不会出现一群叛军出逃，但一两个叛将出逃也足以动其根基。

有一个流传久远的晋商故事。日升昌号的大掌柜雷履泰生病了，东家听从二掌柜毛鸿翙的建议让其回家养病，毛鸿翙则乘机掌握店号实权。几天后，东家在雷履泰的桌上发现了准备让全国各地分号停业撤回的信件。雷履泰的解释是：字号是你的，但分号是我经营布置的，你要用新人，我只好收回分号，让新人重新安排。东家怎么办？东家立刻下跪请求雷履泰回到日升昌。雷履泰回号前夜，毛鸿翙辞号，到隔壁的蔚泰厚当掌柜，大抢日升昌的生意，形成了票号史上有名的蔚字五联号。其后，雷、毛两人更互相诋毁，甚至以给儿子、孙子起对方名字报复，真叫人扼腕叹息。

（3）身股和财股的风险收益不平衡。掌柜和伙计的身股在盈利的时候可以分红，亏损的时候只是收益降低，仍然有一定的应支银，可谓有收益无风险；掌柜的财股盈利的时候自然可以分更多的红，但是亏损时不但要负担应支银，还无限责任地赔上全部身家，可谓大收益巨风险。

陈其田在《山西票庄考略》里面如此记录。晋商票号兴盛时，"票庄的经理交结官僚，穷奢极侈，以示阔绰"，衰落时，即"卷款潜逃，伪造账目"。待到大势已去"索偿者不得不讼及号东"的时候，这些"平日养尊处优，不问号事，且无一不有鸦片嗜好"的东家，才明白他们原来要承担"无限责任"，"昔以豪富自雄，至是悉遭破产，变卖家产及贵重物件以偿债务。不足，则为阶下囚"。

（4）身股扩大有极限。一开始，身股只有掌柜有，后来扩大到了比较有能力的伙计，最后又衍生出了其他养老分红、故身股（人死后家人仍可分红七八年）等。因此，有分红权的身股不断扩大。一开始，财股比身股多，身股只相当于财股的一半左右，到后来，身股的数量已经超过了财股。据历史记载，光绪三十二年（1906 年），协成乾票号 1/3 的职工有顶身股，其总数量达到财股的 130%。1908 年，大德通票号身股的数量是财股的 120%。僧多粥少，激励作用有限，风险却成倍增加。

山西票号的最终覆灭综合体现了以上的所有弊端。

压倒山西票号的最后一根稻草是银行。1897 年，中国通商银行成立，到 1911 年，我国已经有 30 家银行。在这两个时间之间，山西票号进行了最后一次挣扎，然而，身股财股的制度死结浇灭了最后一点希望的火星。

1904 年，李宏龄拟联合各地分号向蔚泰厚的山西总部请命，联合设立股份制银行。当时的清政府已颁布《试办银行章程》，应该说这个建议并非异想天开，若真办成，也许山西票号的历史将会得到重写。但是，决定权不在李宏龄，而在大掌柜毛鸿翰。

毛鸿翰怕在合组后的银行中自己失势，也对引入外来合作者的股权分散不满，更对推动票号维新的李宏龄心存猜忌。于是，一封回信成了山西票号这个商业王朝的最后一个背影："银行之议系李某自谋发财耳，如各埠再来函劝，毋庸审议，迳束高阁可也。"

后来，李宏龄在《山西票商成败记》中发出感叹："果天数乎，抑人事乎！"身股财股为晋商带来了辉煌，也导致了晋商的覆灭。不能真正理解所有权交易结构背后的逻辑，"天数乎"？"人事乎"？"愿以质诸世之有识者"！

3.7　商业模式与结构性竞争优势

巧妙的所有权交易结构能够为企业带来结构性竞争优势，或者更低的决策谈判成本，或者更高的激励水平，或者更默契的合作关系，这些都有可能转化成更高的企业价值。

每一种所有权交易结构都有其深刻的历史根源和成长环境。在某些行业，总存在一种主流的所有权结构。例如，在农业产业，"农户＋基地"的交易结构经久不衰；在极度依赖人力资源的咨询、律师等行业，雇员所有的合作制也大行其道……这只有一种解释：在这些行业中，拥有所有权的利益相关者必然对企业的发展起到举足轻重的作用。例如在律师行业，做到一定级别、拥有一定客户关系的律师就会要求合伙，假如要求得不到满足，就有可能脱离事务所，自己拉一帮新人另起炉灶。

要突破行业里普遍的所有权结构，实现所有权交易结构的设计创新，就要调整利益关系，使企业对某部分资源的依赖程度下降。事实上，近年来，随着公司法业务的标准化和规模化，律师事务所对资深律师的依赖性越来越低。在欧美，已经逐渐出现了聘任"终身助理"的带薪雇员的情况，并开始逐渐出现专注于公司法业务的公司制律师事务所。

因此，去寻找一种放之四海而皆准的所有权交易结构是徒劳的。即使是针对某一个地区、某一个市场、某一个行业，也不存在普适的、一劳永逸的所有权交易结构。因时而动，顺势而为，在市场交易和所有权交易之间寻找平衡，找到总交易成本最低的那个点，这才是设计所有权交易结构的正确态度。

第 4 章

商业模式定位与战略定位

——

到 2012 年 2 月，如家的总分店数已达到 1169 家，在全球经济型酒店中规模排行第一。从 2002 年创立，如家几乎从一开始就成为行业瞩目的焦点，每一个决策也受到业界和投资界的关注。2005 年年初，如家的 CEO 从联合创始人季琦变为百安居中国运营部原副总裁孙坚。由一个酒店的外行来当如家的首席执行官，这是一步险棋。事实证明，如家的决定是正确的，整个酒店集团在孙坚的带领下不断扩张，行业领头羊的位置牢不可破。

如家董事会决策的依据是：如果把如家看成酒店，孙坚无疑是外行；但如果把如家看成连锁经营，孙坚却不折不扣是个内行。在百安居，孙坚负责的就是百安居的扩张建店。同样是连锁经营，经营家具、建材和经营酒店差别并不大。原因很简单，背后的逻辑却值得玩味。

连锁经营，定义的是企业与客户的交易方式，或者说，企业满足客户需求的方式。管理学中，一涉及客户，言必称定位。然而，不管从战略定位的角度，还是从营销定位的角度，如家和百安居都难言有相通之处。但如果从"企业满足客户需求的方式"看，如家和百安居却同样属于连锁经营，是同一类商业模式。显然，描述"企业满足利益相关者需求的方式"

的定位是有别于战略定位和营销定位的第三种定位，我们称之为商业模式定位。

4.1   从战略定位和营销定位讲起

定位一词在管理学中由来已久，在战略和营销领域使用最广泛。战略和营销所讲的"定位"，基于以下5个问题的回答。

（1）企业面向的客户是谁，或者企业的市场在哪里（客户和市场在"定位"中是可以通用的）？

（2）客户的需求是什么？

（3）企业用什么产品或者服务去满足客户的需求？

（4）企业产品或者服务的价值主张是什么？

（5）在客户眼中，产品或服务给他带来了什么价值？

其中，对第1个和第3个问题的回答是战略定位的含义，而营销定位则偏重于对第2个、第4个和第5个问题的回答。

以战略定位为例，企业根据市场和产品两个维度就能给出不同战略定位的选择（见图4-1）。

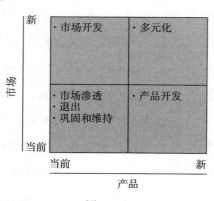

图   4-1

- 市场开发：以当前产品进入新市场。
- 市场渗透：增加在现有市场中的份额。
- 巩固和维持：保证在现有市场中现有的市场地位。
- 多元化：以新产品进入新市场。
- 产品开发：新产品在当前市场销售。

相较而言，营销定位更关注客户的需求。例如，服装关注客户的装扮需求，饮料关注客户的解渴需求。针对同一个需求，不同企业又提出不同的价值主张。例如，同样是解渴，王老吉提出降火，"怕上火，喝王老吉"；同样是可乐，百事可乐强调青春活力的可乐，跟可口可乐的百年可乐历史针锋相对。在同个价值主张下，客户又会自己形成对产品或者服务价值的自我判断。比如，很多洗发水都提出"强力去屑"的价值主张，但客户最忠实的去屑洗发水就那么几个，跟产品的品牌沉淀、营销策略和功能体验效果等都有关系。这表明企业的价值主张未必会得到客户的认可，价值主张和价值感受并不必然一致。

4.2　商业模式定位：利益相关者需求的满足方式

利益相关者包括传统的消费者、供应商、服务提供商、渠道等，我们可以统称为客户。不管是战略定位，还是营销定位，都忽略了跟客户（主要指消费者）需求联系紧密的一个问题维度：满足方式。炎炎夏日，我想喝一杯冰冻的果汁饮料，这是个确定的客户需求，但满足方式却能分成好多种：企业建立连锁店销售冰冻果汁，客户通过购买直接获得最终产品；企业建立体验作坊，提供多种水果原料、配方和不同配套榨汁机器，由客户通过现场学习，自己鲜榨果汁；企业销售榨汁机器，客户通过购买机器和水果，自己动手榨汁；企业销售即溶果汁粉，客户购买冰块，自己冲泡果汁并加冰……以上各种不同的满足方式我们都可以在企业经营现实中找到例子，而且如果继续挖掘，我们将会发现，远远不止这么几种满足方式。

我们把"利益相关者需求的满足方式"定义为商业模式的定位，以此将其与战略定位和营销定位区别开来。

不同的商业模式定位，将影响不同的战略定位和营销定位。建立连锁店销售冰冻果汁的企业，可能会考虑把店面建设在一线城市商圈，定位于商务人群（战略定位），强调环境的舒适、气氛的幽静（营销定位）；而如果是销售榨汁机器，则可能要考虑面向家庭主妇和年轻白领（战略定位），强调操作的简易性（营销定位）等。

营销定位的决策过程最动态，同样产品，具备多种价值侧面，随便更换一个重点就有可能改变营销定位。例如，以前王老吉作为凉茶，给人的印象是中药，只有得病了才会去喝。而红罐王老吉更改价值主张，定位于降火的饮料，产品和市场都没做太大的改动，短时间重新定义了营销定位，并迅速取得成功。

相对营销定位而言，战略定位的决策相对稳定。不管是开发新产品还是开发新市场都意味着组织结构的调整和人力资源的重新调配。

商业模式定位则是最稳定的。打个比方，决定通过经销商还是通过连锁专卖店（商业模式定位）销售产品是一个在中期之内很难变动的定位。但是，决定进军一个新的区域市场或者开发同系列衍生产品（战略定位），这是在中期可以变动的。而同样一款产品，把原来定位为高端消费者的"彰显身份"调整为中低端消费者的"大众潮流"（营销定位），这却是在短期中容易实现的。

由于决策和实施周期最长、最为稳定，因此先定商业模式定位，而后确定战略定位和营销定位，决策成本最低，执行成本也最低。

事实上，由于商业模式定位（一般来说，从焦点企业的角度出发）定义了满足利益相关者需求的方式，那么就涉及焦点企业对某利益相关者的价值主张，例如"新""奇""特"、性能、便利性、定制化、设计、身份地位、价格、成本消减、风险管理等价值点。跟价值主张相对应的，利益相关者会对焦点企业所主导的方式产生价值感受，同样是"新""奇""特"、性能、便利性、定制化、设计、身份地位、价格、成本消减、风险管理等价值点。

需要指出的是，不管是商业模式定位、战略定位还是营销定位，都有其价值主张（对应于客户的反应，则是价值感受）。换言之，价值主张可以来源于商业模式定位、战略定位或者营销定位中的任何一个，只是战略定位着眼于市场（包括客户和产品），营销定位着眼于需求，商业模式定位则着眼于满足方式。这是商业模式定位与战略定位和营销定位的一个重大区别。

对商业模式定位而言，满足方式决定了价值主张，而价值主张构成了交易价值、交易成本和交易风险的具体内涵，而这将为选择焦点企业价值最大化的满足方式提供合适的筛选工具，在后文的"分析维度二：交易过程"中，我们将做更详细的阐述。

不管是价值主张还是价值感受，都要针对同一价值点赋值。例如，某剃须刀品牌 A 声称（价值主张）其刀片锋利度为 10（赋值，假设锋利度从低到高依次为 0，1，2…9，10）。因此，价值主张（焦点企业对某利益相关者倡导）跟价值感受（该利益相关者对焦点企业反应）除了指向不同，还有可能对同一价值点，价值主张和价值感受的赋值不一致。例如，某剃须刀客户 B 觉得（价值感受）品牌 A 的刀片锋利度只为 5。不同的满足方式，实质上就是对同一组价值点设置不同的赋值（对增、删的价值点而言，缺失该价值点的那一组，使其赋值为 0 即可）。

4.3　商业模式定位分析维度一：产权的转移

产权指的是所有者对财产的一束权利。既然是一束权利，就意味着可以切割开来，分配给不同的利益相关者。具体到产品，意味着可以把一束权利在企业和客户之间切割分配。

简单地，产权可分为使用权、收益权和转让权。传统的产品销售模式，是一次性的全部转移产品的使用权、收益权和转让权，而创新商业模式则会将产权分割，把每个权利分配给能够创造更大交易价值或者降低交易成本的利益相关者，从而实现商业模式价值的最大化。

米其林的商业模式定位转型成功，正得益于对产权的重新切割。

米其林集团是世界轮胎制造业的领导者，占据全球市场份额的 20.1%。其总部设在法国，并在超过 170 个国家设立了销售与市场分支机构，在 9 个国家设立了 75 家工厂，每年生产轮胎 1.94 亿个。

米其林车队解决方案为拥有大型车队的运输企业提供轮胎的全面托管服务，其运营思想发端于早期米其林定期对所售轮胎进行技术评估来衡量轮胎性能所遇到的现实问题。当时有很多消费者并不愿意让米其林的工程师拆自己的车并拿走轮胎做检测，在他们看来，这无疑损害了他们作为轮胎主人的满足感。后来，米其林做了一定的变通：把轮胎的收益权和转让权留归米其林公司，车子的主人则获得轮胎的使用权，按公里数付费，这在无意中成就了后来的车队解决方案。

对于大型车队而言，其运营成本主要由两部分组成：可控成本，如车辆维修、燃油、轮胎和其他等，合计 48%；不可控成本，如路桥费、折旧、保险费、养路费、司机工资等，合计 52%（见图 4-2）。米其林的车队整体解决方案就是根据大型车队的实际需求和业务水平，为其设计有针对性的轮胎管理方案，全面接管企业中与轮胎相关的一切事宜，最终实现轮胎资本利用的最大化。

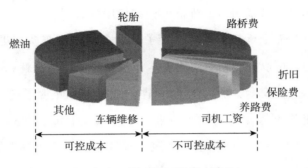

图 4-2　运输业的运输成本结构

　　轮胎费用约占运输整体成本的 6%。然而，因为轮胎不正当的选择和使用造成的损失是十分值得企业关注的。轮胎在日常的使用中会出现各种各样的情况，如果不能及时地发现和维护，轮胎的寿命和节油效果就会大打折扣，严重的还会影响车辆正常使用，增加维修成本，造成经济损失。例如，不正确的轮胎气压会导致轮胎寿命的缩短和车辆燃油消耗的增加。事实上，车队在运输的过程中，检查气压这样的工作也是经常被忽视的。

　　米其林的车队解决方案则不同，由三个部分组成。

- 轮胎产品：米其林将为车队选择适当的轮胎产品，保证最佳的性能和安全性。

- 轮胎服务：车辆和轮胎的正确保养对整个车队的经营和安全至关重要。米其林将提供支持，安排车辆到米其林合作经销商进行高品质的服务。

- 增值服务：每位客户都可以享受到适合自身需求的全方位增值服务，其中包括专业培训、轮胎档案管理、成本节约报告和专业的车辆及服务审计。

立体的解决方案大大降低了企业在轮胎上的单位公里使用成本。关于米其林的轮胎服务，业界有一句流传久远的名言："以新胎价格的50%购买米其林翻新胎可以带来相当于新胎90%的使用寿命。"

由于米其林完全承担了与轮胎相关的业务，大型车队在更加专心于核心业务的同时，可以降低轮胎使用成本（包括降低燃油消耗），提高车队运营效率和车队运营安全。米其林与弗玛物流的合作就证明了这一点。

弗玛物流是世界知名的物流企业，业务遍及亚洲、欧洲等主要市场。弗玛物流于2004年进入中国市场，服务于沃尔玛、宜家等世界知名品牌。随着企业业务的不断扩大和升级，2007年弗玛物流公司决定选择米其林轮胎全面管理其在轮胎方面的事宜。米其林派驻专业的技术服务人员到弗玛车队。通过专业的服务，车队轮胎的正常胎压比例从一年前的39%提高到了90%，轮胎受损率的降低和寿命的延长直接提高了轮胎的翻新率，达到28%。同时，在米其林的帮助下，弗玛物流挂车完成了向无内胎轮胎的进一步转换，无内胎轮胎所占比例由先前的37%提高到现在的63%。在方案启动仅仅一年后，米其林就成功地帮助弗玛物流实现了超过15%的成本节省。米其林解决方案将进一步优化弗玛物流在轮胎方面的管理，最终实现29%的成本节省。

米其林也从弗玛物流的成本节省中收获颇丰，除按照公里数按月收取管理费之外，按照解决方案中"共享价值的条款"，弗玛物流成本节省的一半进了米其林的口袋。这种盈利模式的转化不但为米其林带来了丰厚的回报，改善了其现金流，而且和客户建立起了更为紧密的联系。很多拥有跨国业务的运输公司在进入一个新的市场时，就把米其林作为其轮胎业务的首选合作伙伴。

当然，为了完成从销售轮胎产品到全面轮胎托管服务的转变，米其林要培养相应的关键资源能力，一方面需要做好外部的市场营销，向目标客户传递信息，说服客户转变交易方式，培育服务市场；另一方面则要改善内部系统和流程，建设适应全面轮胎解决方案的组织架构和人才梯队。但到目前为止，似乎米其林应对得很好，其车队解决方案业务发展一帆风顺。

　　其实，把产权切分为使用权、收益权和转让权，只是比较粗略的权利切割，完全可以切割得更为细致，例如占有权、开发权、改善权、改变权、消费权、出售权、捐赠权、抵押权、出租权、借贷权等。例如，某零售连锁品牌商 A 公司向业主租用店面，然后把店面再次出租给店长，店长的租金直接缴纳给业主，但从法律关系上店面的租约是 A 公司的。这样的好处在于降低了店长带店叛逃的交易风险，而由于零售的关键是地点，如果店长自己叛逃，另外找一个地点开店，则不一定能有这样的气候。所有权归业主，使用权归店长，出租权归 A 公司，多权分立，大大降低了交易风险，比用股权控制店长而言交易价值也更大（店长获得全部收益，激励大），交易成本也更低（少了股权的纠纷，消除了跟多个店长股权谈判的成本）。对零售连锁品牌来说，有两个产品和两个客户，一个是面对店长的分店面，一个是面向终端消费者销售的商品。在前者的商业模式定位上，无疑 A 公司是成功的。

　　此外，产权分割不单能从价值环节上纵向切割；各个权利实际还可以做横向的切割。例如，在本书第 3 章中讲到的法国居马农业机械合作社就是把使用权切割了，然后按照使用权的消费份额缴纳相应的费用。例如，假设居马要购买一台价值 10 万法郎的施肥机械，由于合作社社员只需承担平摊 30% 的自有资金（其他 70% 由优惠贷款和政府补贴垫资），即 3 万法郎。每个社员该出多少呢？很简单，假如有 5 个社员，分别承诺每年使用时间为 20、15、30、20、15 个小时，那么，总使用时间就是 100 个小时，因此，每个小时使用费 300 法郎，对应的，5 个社员的自有资金平摊费用则分别为

6000、4500、9000、6000、4500 法郎。因此，任何一个农场主，都可以用不到 1/10 的成本拥有农业机械的使用权。事实上，一般来说，每个居马的人数都要远远超过 5 个人，也就是说，农场主需要付出的成本将会更低。而用金融手段切割收益权（例如固定利息形式的银行贷款、分成收益形式的战略投资、剩余收益形式的股权等）就更常见了，在本书后续章节中笔者还将详细介绍。

产权分割背后的机理在于同一权利配置给不同的利益相关者所产生的交易价值和交易成本是不同的。某些利益相关者能够把该项权利的优势发挥到最大，配置给他能产生最大的交易价值；某些利益相关者对该项权利的评价最高，配置给他能使交易成本最小。最合意的权利束配置是使交易价值和交易成本的差值（价值空间）最大，即使这意味着可能要把某些权利配置给只能发挥次大优势或对权利评价次高的利益相关者。

在商业模式定位中，产权的切割是为了重新组合。作为一束权利，产权可以切割成很多份权利，可以把其中的几份权利组合在一起配置给某一利益相关者，把另外的几份权利组合在一起配置给另外一个利益相关者，这就构成了缤纷多彩的商业模式定位。例如，上文米其林获得的是收益权和转让权，这就是一个组合的子权利束。

产权的分割和重新组合配置都要耗散一定的交易成本，只有从中产生的交易价值超过分割重组的交易成本，这种新的产权配置才是有价值的，才算是一个成功的商业模式定位。

4.4　商业模式定位分析维度二：交易过程

企业与消费者交易的过程可分为相互搜寻过程（交易前）、讨价还价过程（交易中）、执行过程（交易后）。不同的商业模式定位在这三个过程中的交易价值、交易成本和交易风险都不同，因此最终形成的商业模式价值也不同。

我们经常观察到这样的现象：同样一款手机，一般来说网上的价格会比实体店低，而有很大一部分消费者选择到实体店里面看手机，体验功能，但最终选择渠道可靠的网上商店（最好是 B2C 或者电子商务强势品牌）购买。这实质上跟实体店和网上商店两种商业模式定位所导致的交易价值、交易成本和交易风险差异有关。

先说实体店。大城市的连锁手机超市都在核心商圈，搜寻成本并不高，明码标价，讨价还价成本也低，一手交钱、一手交货，执行成本也不高。在交易价值上，由于实体店展示面积有限，同时实体货物摆放不便于搜索，对消费者而言，其搜寻到合意手机的难度较大，搜寻价值不高；在讨价还价过程中，消费者可以充分体验手机实物，了解功能，尝试手感，等等，讨价还价价值较高；执行环节上，消费者可以立刻拿到手机，方便快捷，执行价值较高。

再说网上商店。不需要出门，只要一台能上网的电脑就能找到网上商店，搜寻成本比实体店还低。讨价还价成本跟实体店差不多。由于需要担心网上支付的安全性，执行成本将高于实体店。在交易价值上，由于现在网店都有了较为完善的搜索功能，搜寻价值较高；交易中，由于缺乏体验环节，讨价还价价值较低；执行环节上，由于需要等待物流，不能立刻拿到手机，不如实体店方便，执行价值较低。

交易风险上，实体店和网上商店都有高价买到劣质手机的风险，因此，只要额外付出的成本不多，品牌连锁手机超市跟品牌电子商务网店的信誉将成为顾客规避交易风险的理性选择。因此，可以认为实体店和网店的交易风险一样。

可以结合前面的价值主张对这个过程做一个更详细的梳理（见图 4-3）。

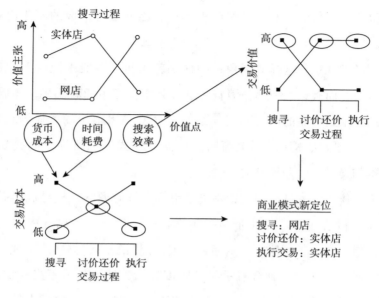

图 4-3

以搜寻过程为例，不管是实体店还是网店，都涉及货币成本、时间耗费和搜索效率三个价值点。实体店需要付出交通费到商圈购买，网店只需要连上网络，货币成本实体店较高；到实体店要坐车，耗费时间更长；网店可以很方便地货比多家，能够搜索到的手机品牌和机型更多，时间也更快，搜索效率更高。这就得到图 4-3 左上的分析示意图。货币成本和时间耗费属于交易成本，应该计入图 4-3 左下的交易成本示意图；搜索效率属于交易价值，应该计入图 4-3 右上的交易价值示意图。以此类推，我们同样可以分析讨价还价环节和执行环节的交易价值、交易成本等，最后我们将形成一个详细的交易价值、交易成本比较，如表 4-1 所示（实体店的"高"和"低"都是跟网上商店比，反之亦然）。

由于实际交易过程是可分的，因此在环节之间切换的成本并不高的情况下，消费者完全可以在不同环节选择不同的商业模式定位。从上文的分析看，消费者最合理的选择应该是在网店搜寻，在实体店讨价还价，在实体店执行交易。这正是图 4-3 右下的商业模式新定位。

表　4-1

		实体店	网上商店	消费者优先选择
交易成本	搜寻	高	低	网上商店
	讨价还价	一样	一样	实体店/网上商店
	执行	低	高	实体店
交易价值	搜寻	低	高	网上商店
	讨价还价	高	低	实体店
	执行	高	低	实体店

当然，这解释了一部分的消费行为（逛网店不多的消费者），对网购达人而言，更主流的购买方式是在网店搜寻，去实体店讨价还价，最终在网店下单购买，执行交易。为什么？网购商品一般比实体店要便宜（电子商务的物流成本比实体店的租金成本低，因此总成本一般较低，可以让利给消费者以扩张市场），这部分价格优惠主要体现在执行环节，使实体店对网店的支付安全性、时效性优势被价格劣势抵消了，从而消费者更喜欢去实体店体验，但更多地去网店消费。

对企业而言，也可以在这几个环节之间切割重组，成为兼具网店和实体店的混合商业模式定位。例如，钻石小鸟是从做网店起家的，但后来为了形象展示和客户体验，也开设了实体店，实现了客户在网上搜寻、在实体店讨价还价、在网店执行交易的混合定位，这正是对实体店和网上商店在不同交易环节中，交易价值、交易成本优势不同进行优化组合的结果。

当然，技术手段的革新会影响各环节的交易价值和交易成本。所谓价值和成本，都是动态变化的。例如，在电子支付安全性还没得到解决的情况下，网店交易的执行环节成本高得惊人，以致电子商务的发展多年停滞不前；而当电子支付（包括网上支付和未来的无线支付等）安全性越来越高，技术手段越来越成熟之后，网店交易的执行成本就大幅度下降。物流系统和供应链管理的提升，则提高了网店在执行环节的交易价值。因此，在电子支付盛行、物流系统改善的近些年，中国电子商务才迎来了长足的发展，中国概念的电商企业也成为资本市场的一颗颗明星。

4.5　商业模式定位分析维度三：产品、服务、解决方案、赚钱工具

作为满足客户需求的方式，商业模式定位实际上还要回答一个问题：抽象地说，企业为客户提供的是产品、服务、解决方案还是赚钱工具？不同的答案，对应着不同的商业模式定位。

例如，直接销售空调机给客户，这是提供产品；企业安装好中央空调，为住户供应冷风和热风，按照面积收取管理费，这是提供服务。系统集成商为企业提供一整套的硬件、软件加培训服务的信息化系统，这是提供整体解决方案。连锁加盟品牌商为加盟商提供一整套管理规则、后台支撑系统等，这是赚钱工具。

作为制造大国，中国不缺乏通过提供产品赚钱的企业，但是缺乏提供服务、解决方案和赚钱工具的企业。在这里有必要侧重讲一下后三者的定位机理。

定位于服务，下游的服务利润率一般更高，交易价值高；需要投入的资源少，交易成本低；下游业务通常能产生稳定的服务收入，一般不存在周期性波动问题，交易风险低。

当然，从定位产品转型为定位服务，至少需要具备两个条件。第一，企业自己的产品在市场上占有率较高，或者企业对其他产品技术也有较深刻理解。例如，爱立信从以前销售通信设备转型为运营服务通信设备，其成功的一个要素就是多年技术的积累，使爱立信对竞争对手设备的运营也能胜任。第二，服务产出的现金流回收周期长，跟产品销售一次性回款不同，企业要做好金融手段的配合。前文讲到按照面积收取管理费的中央空

调厂家，要么引入私募股权投资，借助外来资本扩张市场；要么就要把应收账款卖给银行，改善现金流结构。否则资金链断裂，转型服务就变成一句空谈。

整体解决方案，把产品、服务打包在了一起，跟客户分开购买、自己组装、自己学习相比，同时降低了搜寻成本、讨价环节成本和执行成本，其中的便利性、高利润率则变成更高的价值创造。

在 IT 行业，信息服务提供商通过把单一客户分散化的需求分环节集约化，形成在硬件、软件和服务多环节的运营高效率。此外，在软件和服务上，利润率更高，门槛也更高，要求企业对整个行业、整个商业生态都要有更为深刻的理解，只有经验最丰富、产品最齐全、高端的企业才能胜任，这更容易形成强者恒强的格局，也成为很多百年卓越企业的选择，IBM 就是其中的佼佼者。

整体解决方案的盛行远远超过 IT 行业的界限。GE 就为其产业合作伙伴提供了涵括产品、服务和金融工具的整体解决方案。GE 旗下的金融集团和 GE 公司的各产品事业部配合行动。以机车市场为例，除了供应零部件和提供贷款外，GE 机车事业部和 GE 金融集团还涉入机车售后和使用过程中的许多业务，例如为铁路资产提供贷款；同时它们也经营许多外包业务，如机车维修厂的运作、车厢的调度和线路安排服务、维修车队的管理等。由于把工作重点放在客户的活动上，GE 在销售和利润上都获得了丰收，同时也更了解客户的需求。通过多方面介入客户的业务，GE 与客户建立起了牢固的关系，这对日后的产品销售也有促进作用。

最后一个定位是赚钱工具，这个定位的特点在于大大提高了交易价值，从而使企业可以从中分享一部分的商业模式价值。以连锁为例，连锁品牌为加盟商提供的体系几乎是全方位的，从店面选址、装修到人员培训、广告运营等，几乎面面俱到，其目标只有一个——让加盟商能够赚钱。在让客户从定位中产生价值这个角度来看，赚钱工具是最到位的。原因很简单，因为售卖的是赚钱工具，企业利润跟客户能否盈利、盈利多少是紧紧结合在一起的。

最近几年，7-11 收编了很多社区夫妻店，这就是 7-11 的"业务转换加盟"计划。按说，自己当老板，又自在又有成就感，加盟 7-11，要缴纳加盟费还不自由，社区夫妻店的店主应该不会考虑跟 7-11 合作才对。为什么愿意合作呢？就因为在 7-11 的供应体系、后台系统整一套连锁经营体系支持下，这些夫妻店能够获得更高的盈利，同时也省却了采购、物流等一系列负担，何乐而不为？据一位美国的加盟夫妻店店主介绍："7-11 的标志刚刚竖起，店内的销售额就翻番了。之前，一个月的销售额为 7 万美元，而现在却达到了 16 万美元。"7-11 对店面有最低毛利保证，降低了店主的风险。此外，7-11 主要获取的是分成的收益：总部将毛利额的 57% 分给 24 小时营业的分支店（16 小时营业的为 55%），其余为总部所得。商店开业 5 年后，根据经营的实际情况，还可按成绩增加 1% ~3%，对分支店实行奖励。万一毛利达不到预定计划，分支店可以被保证得到一个最低限度的毛利额，保证其收入。这意味着 7-11 的收益在很大程度上取决于卖给加盟店的这个赚钱工具能否真正帮客户赚钱，这是对 7-11 的约束，也是激励。当然，7-11 从中也获利颇多：在美国，短短五年间，就有 196 家零售店转型投身 7-11 大军，并且还有继续壮大的趋势。接下来的几年，7-11 的目标是通过"业务转换加盟"计划新增的店面，达到新店增长构成的 60%。

第 5 章

盈利模式之收支方式一：
固定、 剩余和分成

—

为什么全球最大的电器连锁巨头百思买在中国会遭遇困境？同样是连锁卖场，为什么国美、苏宁采取的是固定租金加分成佣金的模式，而百思买、沃尔玛却选择价差模式？作为曾经的创投市场神话，ITAT 的急转直下是否跟商业模式背后的硬伤有关？这些问题实质上，都与企业的贡献性质以及盈利模式的选择有关，确切地说，与固定贡献、可变贡献以及固定、剩余和分成三种盈利模式及其组合有关。

在开篇之前，先对几个名词做一个解释。合作体指所有利益主体结合成的交易结构总和。固定收益的表现形式有买断（一次性、总量）、租金（按时间、按面积）、计件工资（按产量）、阶梯式工资（跟产量挂钩）等。剩余收益表现形式有股权、纯分红、期权、提成等。

5.1 资源能力的固定贡献与可变贡献

商业模式是利益相关者的交易结构。任何利益相关者（或者称利益主体，设为甲方和乙方）都拥有一定的资源能力禀赋，利益主体通过投入资源能力对合作体的产出做出贡献。如果在该资源能力作用规模范围之内，其投入量大小不影响产出，为固定贡献。例如，在不超过产能的条件下，厂房对产量而言是项目固定贡献；反之，该资源能力的投入量越大，产量越大，为可变贡献。例如，农业种植中，农户的努力程度对农作物产量而言是可变贡献（见图 5-1）。

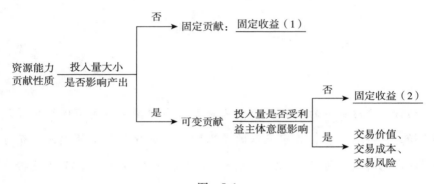

图　5-1

按照资源能力在合作体中的贡献性质，合作体可以给予相应的收益方式设计。

首先，评价该资源能力是固定贡献还是可变贡献，如果是固定贡献，则设计为固定收益。例如，厂房、商场面积、设备等。

如果是可变贡献，则要看其投入量是否受利益主体的意愿影响。如果不受利益主体的意愿影响，则设计为固定收益，如原材料。

如果受影响，则要看跟其他利益主体交易的交易价值、交易成本和交易风险。

5.2　盈利模式的固定、剩余和分成

合作体（各个利益主体组成的交易结构总和）有一定的产出（可定义为数量、总销售额、总利润等），甲乙双方就不免对产出进行分割，这就形成固定、剩余和分成三种盈利模式。

如果甲方（或乙方）的收益不受产出大小的影响，我们称甲方（或乙方）获得了固定收益。相应地，如果甲方（或乙方）的收益受产出大小的影响（一般是产出越大，收益越高；反之亦然），我们称甲方（或乙方）获得了剩余收益。例如，shopping mall（购物中心）的商业地产商对商户收取租金，月租金额并不随着整个商场的产出（即每个月的总销售金额）的增减而相应地增减，因此商业地产商获得了固定收益。而商户除付给地产商固定租金外，剩余的月销售额全部落袋为安，其收益显然受产出（月销售额）大小的影响，因此，我们称商户获得了剩余收益。

甲方和乙方的合作一般会出现以下三种基本情况：甲方拿固定，乙方拿剩余；甲方拿剩余，乙方拿固定；甲方和乙方都拿剩余。通常在第三种情况下，甲方跟乙方的收益都与整个合作体的产出存在固定的比例关系，因此，我们也把第三种情况称为甲乙双方都获得了分成收益。例如，某电子商务网站按照商家交易成交金额总量收取 3%～12% 的佣金（动态佣金，平均为 7%）。这时候，商家实质上从每笔交易中获得了 88%～97% 的成交金额量（动态浮动，平均为 93%）。当然，现实中也会出现甲方（或乙方）既拿固定又拿剩余的组合情况。

这里需要指出的是，所谓固定、剩余和分成都是针对具体一对利益相关者、具体一个合作体而言的。同样一个企业，在跟不同利益相关者合作时，其收益可能呈现不同的类别。以家电制造商为例，在跟零部件供应商

合作时，供应商获得了零部件销售的固定收益，至于产出的冰箱值多少钱则跟零部件供应商没关系了，剩余收益都是属于家电制造商的。但是，家电制造商在跟连锁家电零售卖场合作时，如果卖场采取统购统销的价差模式，家电制造商又获得了固定收益，而零售卖场获得了剩余收益。同样是家电制造商，跟零部件供应商合作时获取的是剩余收益，跟零售卖场合作时获取的是固定收益。因此，谈论哪一方拿固定、剩余或分成需要结合与之合作的利益相关者和合作体才有意义。

以农业为例，在企业与农户的合作交易中，广泛存在三种契约方式，分别与三种盈利模式相对应：租赁制契约制（企业获得固定）、工资契约制（企业获得剩余）和分成契约制（企业获得分成）。租赁制契约制是指企业将土地出租给农户，收取固定的土地租金或实物，农户负担所有投入，获得所有产出并承担全部风险；工资契约制是指企业以工资形式雇用农户从事劳动，企业负担所有投入，获得所有产出，承担全部风险，农户获得工资报酬；分成契约制是指企业将土地租给农户，或契约双方中一方负担所有投入，或企业与农户分担投入，契约双方按比例分配产出实物，共同承担风险。由于农业的这三种契约广泛存在，界定清晰，因此在后文中笔者将以这三种契约为基础，结合其他行业案例，探讨盈利模式背后各个影响因素的逻辑。

当合作的多个利益主体所投入的资源能力均为固定贡献，或者虽为可变贡献但投入水平不受利益主体意愿影响时，可各个环节独立交易，均可认为是固定收益。

当合作的多个利益主体中只有一个是可变贡献且投入水平受利益主体意愿影响时（其他利益主体均为固定贡献，或者虽为可变贡献但投入水平不受利益主体意愿影响），这个利益主体获得剩余收益，其他各利益主体获得固定收益。

　　当合作的多个利益主体投入的资源能力均为可变贡献（可以是单一资源能力为可变贡献，或者多个资源能力中有一个是可变贡献）且投入水平受利益主体意愿影响时，选择哪一种盈利模式（收支来源与收支方式，本章具体指其中的一类收支方式/计价方式），主要受三个因素的影响。

5.3　影响因素一：交易价值

　　交易价值，需要通过企业和利益相关者的交易才能实现。在这个过程中，提升交易价值、使交易收益增加有时不是企业和利益相关者单独一方能够完成的，本质上是企业和利益相关者拥有的不同的资源和能力的结合。

　　当为可变贡献时，资源能力能够对产出产生多大的影响在很大程度上取决于拥有该资源能力的利益相关者的行为。例如，知识型员工的产量多少，在很大程度上取决于其努力程度。订立交易契约时，获得剩余收益的一方就会尽量贡献自身资源能力的全部能量，而只获得固定收益的一方则有可能只贡献一部分能量；在分成模式下，双方都有可能做出较大的贡献，但由于存在"搭便车"的可能性（贡献小的仍然可以按比例得到收益），这种较大贡献并不是必然。与流水线制造工人相比，管理人员和知识型员工获得期权和股份的情况比较普遍，在很大程度上就是因为后两者的异质性远远超过前者。一个好的交易结构，必须能够有效激发有能力对产出做出最大贡献的利益相关者。

　　以农业为例，农业生产必须通过销售才可以实现最终收益，所以采购（种苗、化肥等），种植和销售（农作物）三个环节高度相关。如果这三个环节分属于三个利益主体，且界定清楚，则由于环节之间互不影响，可以按照环节之间买断（固定收益的一种表现形式）、向前推进交易的方式进行。

但我们在现实中，看到的还有一种情况（假设有两个利益主体：农业企业和农户），企业占据了采购和销售两个环节，或者种植环节分为农户劳作和田间管理两个环节。这就把问题复杂化了。

第一种情况，如果企业采购和销售，农户种植，界面分清，价值环节之间相互独立，不影响其他价值环节的产出，企业仍然可以把种苗、化肥等原料卖断给农户，农户种植后的产出卖给企业进行销售。就各个环节而言，企业和农户都获得固定收益（需要指出的是，对不同价值环节而言，合作体、贡献、产出等概念的具体内涵都不相同）。上面按照贡献性质来设计受益方式仍然适用。

如果把种植环节分为农户劳作和（企业）田间管理两个环节，就相对复杂一点了，因为排除固定贡献的采购、销售环节，农户劳作和（企业）田间管理均为可变贡献。此时，决定收益方式的是利益主体的实力，也就是该利益主体是否有能力、有意愿对产出做出更大的贡献，最终体现为盈利模式选择上的谈判实力。这种实力优势可能来自具体某个利益主体的本身禀赋，例如"种植能手"的劳作水平就比较高；也有可能来自不同类利益主体之间的稀缺性，例如改朝换代时，农户就会比较少，相对农户劳作就比较稀缺，这会赋予整体农户以更高的谈判实力。

在零风险条件下，如果企业的田间管理具备较强实力而农户的劳作只具备平均或较弱实力，企业就会倾向于选择工资契约制形式，获得剩余收益。如果企业的田间管理具备平均或较弱实力而农户的劳作具备较强实力，企业就会倾向于选择租赁制契约制形式，获得固定收益。事实上，这时候企业可以完全取消田间管理环节。最后，如果企业在田间管理具备较强的实力而农户在劳作上也实力较强，属于强强联手，则分成会是相对合意的收益方式。这样，在不同的情况下，通过不同的收益方式设计，整个交易结构系统能同时达到产出最大化和契约双方自身收益的最大化。

如果盈利模式跟资源、能力配置不匹配，该激励的利益相关者没得到激励，获得激励的利益相关者却没有能力最大化交易价值，那么就有可能使企业缺乏竞争优势，陷入困境。CSPN 的故事，正反映了这一点。

CSPN，全称为中国体育电视联播平台，由北京神州天地影视传媒有限公司牵头成立，联合了江苏、山东、辽宁、新疆、江西、内蒙古、湖北七省、自治区体育频道共同设立。

对一个电视频道来说，主要环节可以分为节目来源购买、节目制作、节目播放和广告运营。由于各个地方台本身有制作队伍，有落地的播放渠道，有广告营销队伍，因此，在后三个环节，地方台具备资源、能力配置的优势。至于节目来源购买，神州天地作为一个联盟，从财力上可以化零为整，具备一定优势，但优势不明显。因此，如果从盈利模式的设计上看，神州天地应该获得固定收益或者小比例分成，而地方台应该获得剩余收益或者大比例分成。

事实是什么样子的呢？

CSPN 统一接收并安排广告投放，为地方台提供节目资源并按照多项指标评估设定每年固定分成费用，CSPN 拥有剩余收益索取权，节目版权属于 CSPN，CSPN 有多次销售版权获利的权利；地方台为 CSPN 提供制作队伍支持，差旅费用由 CSPN 承担，但制作队伍的控制管理权归于地方台。

在这个盈利模式中，地方台的资源、能力优势完全没有体现出来，而获得剩余收益的神州天地在资源、能力上却是捉襟见肘。该发挥作用的没发挥，没能力发挥作用的却坐镇中军大帐，于是，很自然地，在 2008 年体育大年中异军突起之后，CSPN 在很长一段时间里陷入了困境。

5.4   影响因素二：交易成本

交易双方在搜寻、讨价还价和执行三个环节中存在信息不对称和信息不完全，这就产生了交易成本。企业要获得剩余或者分成收益，就要掌握相应的信息以监督获取固定收益的利益相关者，降低获取收益信息的成本。如果获取固定收益的利益相关者比较同质化，其生产过程和产出比较容易确定的话，那么获取剩余收益的企业就可以在交易前订立好契约，或者在交易后有效监督，从而使搜寻利益相关者、订立契约和监督执行三方面的费用降到最低，即交易成本最小化。

例如，在农业的工资契约制（企业获得剩余）中，企业和农户之间存在信息不对称，比如怠工、技术不熟练等；当这种信息不对称很严重时，企业倾向选择新的契约对象，采取分成的方式。企业使用监督人员和技术指导人员，降低这种信息不对称，则会继续维持原有的工资契约制形式；但如果土地面积不断扩大，在可靠的监督人员数量（例如家庭成员）的约束下，企业必须雇用更多的监督人员和技术指导人员，引发交易成本的大幅上升，同时由于监督人员不可靠有可能造成抵抗信息不对称措施的失效；在监督和技术指导引起的交易成本大于所得收益时，企业就会放弃工资契约制形式，转而选择分成契约制形式。

而在雇员的努力程度和产出比较容易确定的流水线大工厂，采取固定工资的雇佣方式就相对比较容易，因为这样的交易成本并不高。

很多大型的 shopping mall 都是收取固定租金，一般来说，一开始额度较低，随着品牌的投入和人流量的提升，shopping mall 会提高固定租金。对这种业态而言，就不需要掌握具体门店的销售信息。

当然，也存在一些按照交易量收取一定分成佣金的连锁商场，这种商场则需要获取销售的信息，一般要由商场统一收款，对账后再分成。

事实上，每种盈利模式或者定价方式本身都是有交易成本的，要获得剩余收益和分成收益就必须具备相应的信息优势。不妨体会以下 3 种不同盈利模式的交易成本构成和相应降低交易成本的措施（框图均引自天虹商场招股说明书）。

第一种，收取固定租金（固定租金专柜业务）。供应商自行收款，商场并不需要了解供应商的销售信息（见图 5-2）。

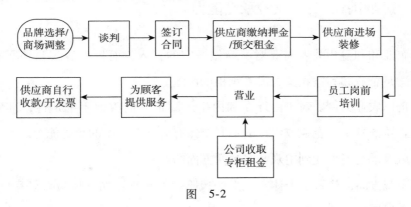

图 5-2

第二种，获得剩余收益（自营销售业务）。商场统一收款，供应商不需要了解销售信息（见图 5-3）。

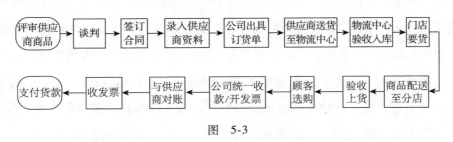

图 5-3

第三种，获得分成收益（合作销售专柜业务）。供应商的销售员要开售货小票，商场统一收款、开发票，系统生成结款单，对双方均公开销售信息（见图 5-4）。

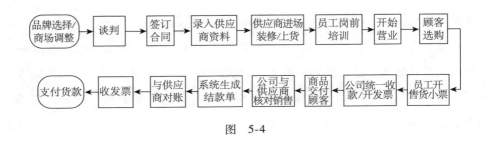

图　5-4

5.5　影响因素三：　风险承受能力

企业和利益相关者需要对交易做一定的投入，而投入的收益是不确定的，这是企业和利益相关者需要承担的风险。

仍以农业为例。对于由外在和内生风险带来的收益不确定性，准确地讲是收益的减少，企业或农户的不同个体有着不同程度的承受能力。

风险承受能力受到主观和客观两方面的影响。

主观方面，首先是个体主观上的风险偏好程度：如果风险偏好程度高，企业或利益相关者会选择增加投入获取更多收益的契约形式；其次是收益对个体的重要程度：重要程度越高，越难以承受收益的风险，这时候利益相关者就更可能选择固定收益。例如农民生存完全依赖于最终收入，所以无法承受未来收入的不确定性，则倾向选择工资契约制方式。农业生产收益对个体重要程度越高，企业或农户越倾向于选择风险小、收益稳定的契约形式。

客观方面，首先是财务约束条件。相对于农业种植规模，财务实力的大小决定企业或农户能否承担必要的生产投入，影响其对契约形式的选择；由于财务实力的约束，企业或农户都倾向于选择分成契约制形式，与他人分担投入；或选择其他方式避免投入。

其次是抵御风险的技能。财务约束并不是孤立地影响企业或农户的风险承受能力。如果抵抗风险的能力提高，大幅降低了风险，相对于一定的财务条件，又可能选择更高风险的盈利模式。

如果交易双方都有抵御风险的技能，这时候，抵抗风险的经济性就会决定盈利模式的选择。比如，在种植环节，同等自然条件下，相对企业而言，农户能够采取更好的措施去降低农作物减产的风险。但是，假如农户只能获得固定工资，农户就没必要去投入这些努力了。为了促进农户的努力，企业就要付出额外的监督成本，而这往往是得不偿失的。因此，面对大种植面积和大规模农户时，农业企业很少采取固定工资制的盈利模式，而是和大户签订承包合约（剩余），或者分成合约。

ITAT（International Trademark Agent Trader，国际品牌服装会员店）曾经是"快模式"的经典案例，成立两年间，就获得了蓝山资本、摩根士坦利、CITADEL 等风险资本超过 1 亿美元的投资。曾经在一年半中，门店从 240 多家扩张到了 780 多家。然而，2008 年 3 月，随着上市被否，成立三年半的 ITAT 基本已经失去了逐鹿连锁服装零售市场的资格。

ITAT 的盈利模式被创始人欧通国自豪地称为"铁三角"。ITAT 输出在欧洲注册的 200 个自有商标；找一些生产过剩、没有能力走进商场的中小型服装代工厂，以贴牌的方式为其提供免费的供货渠道；与拥有大量闲置物业、地处偏僻的地产商合作，化零为整，包下原本属于诸多小商贩的大量摊位，前提是"零租金"，物业商还要承担水电费。厂家、ITAT、物业商，通过销售额分成的方式获得收益，三方分成的比例为60∶25∶15。这样一来，ITAT 就可以做到"零货款、零租金、零库存"。

然而，这个貌似完美的盈利模式存在硬伤。"铁三角"看似权责分明，非常稳固。但实际上，物业商要承担销售额不高的风险，而这部分恰恰是物业商无法掌控的。和厂家、ITAT 相比，物业商并不具备抵抗风险的经济性。因此，只有质量不高的物业商才会拿自己不可控的摊子赌一把，答应和 ITAT 合作。这种逆向选择导致 ITAT 先天性地缺失"地段"，而这恰恰是连锁零售业最重要的关键资源能力之一。

反过来，假如 ITAT 希望得到高质量物业呢？事实上，按照前面的框架，纯粹的销售面积是固定贡献，因此，应获取固定收益，如果要获得剩余收益则需要其他资源能力的投入。由于热点地段的物业本身已经有了较高的固定租金收入，如果给低比例分成，则对物业商的吸引力不强，没法合作；如果给高比例分成（期望值要高过目前的固定租金水平，因为要考虑到包含风险收益），则 ITAT 给不起。因此，在这种情况下，ITAT 只能答应给物业商固定的租金，那么就需要投入一大笔固定成本，其直营开店速度必然不可能这么快。要门店的质量还是数量，这是个问题。很不幸，ITAT 选择了拉动数量的盈利模式，获得了一大批实际上并不具备销售潜力的物业，为最终的失败埋下了伏笔。

需要解释的是，仅仅就销售面积而言，商场物业是一种固定贡献，所以收取月固定租金才会成为一种主流的商业地产盈利模式。但是，周围商圈的逐渐繁荣（对应的盈利模式是不断提升的租金），物业商本身对商场品牌的投入（例如，天虹对连锁零售卖场的品牌打造，对应的盈利模式可以是分成式的佣金）等，都会给销售面积附加上品牌、人气等其他资源能力属性。这就使"物业的地段"本身包括了固定贡献（销售面积）、可变的固定贡献（周围商圈的持续升热）、可变贡献（品牌营销）等性质的多种资源能力，从而对应了复合的盈利模式（例如，固定加分成）。

除贡献性质、投入意愿、交易价值、交易成本和交易风险之外，影响合作体对资源能力的收益方式设计还有以下 4 个因素。

首先是**机会成本**。如果某利益主体具备一定的垄断性市场力量，机会成本较大，则尽管是固定贡献，为了补偿这种机会成本，可能会采取剩余收益（合资），以绑定其垄断性资源，隔断该利益主体与竞争对手的合作。另外一种方式是溢价的固定收益，但用合约规定。采取哪一种，取决于机会成本（违约意愿）和监督成本（纠正违约难度）的大小。反之，如果某利益主体的市场力量较弱，机会成本较小，则尽管是可变贡献，也有可能拿固定收益。因此，某利益主体从发展到壮大的过程中，有可能经历从固定收益到剩余收益的过程。

其次是**资源能力在合作体总贡献中的比例**。如果资源能力的贡献占总比例较高的话，那么该利益主体要么要求很高的固定收益，要么要求剩余收益（合资甚至独资，其他资源能力购买）。当前者比例过高时（比如，如果支付固定收益，就有破产的风险），后者是更合意的选择。

再次是**现金流时序**。由于固定收益一般是当期支付，而剩余收益是延期支付，因此，现金流紧张的利益主体可能会倾向于把剩余收益转为固定收益，而对称而言，愿意在合作中把一些一次性固定收益的支付转化为固定加分成或者分成（都属于剩余收益的表现形式）。当然，也可以选择分期付款。这取决于双方的谈判。

最后是**对不确定性的管理**。对资源能力所能带来的未来产出存在不确定性，合作体和利益主体相互之间又存在信息不对称。如果某利益主体 A 给合作体带来的是固定贡献，但对产出的估值或者 A 的贡献大小，合作体和 A 存在巨大分歧（例如，合作体怀疑 A 的能力），认为贡献有限；A 对自己的能力有自信，认为将贡献巨大。此时，A 可选择收益更高但是风险更大的剩余收益，合作体则减少了当期支出，同时为 A 的贡献买了保险。

5.6　如何确定盈利模式

在**双方利益主体投入的资源能力都是可变贡献，且投入水平受利益主体意愿影响**的情况下（其他情形按照第 5.1 节的二叉树已经可以解决），影响盈利模式的因素有交易价值、交易成本和风险承受能力，在企业实践中，这几个因素的共同作用决定了企业更适合选择哪种盈利模式。

在给定风险承受能力的情况下，盈利模式取决于交易价值和交易成本。参与交易的甲方、乙方本身的资源、能力分布影响交易价值的大小，从而形成了初步的交易配置。不同的交易配置，其交易成本是不同的。因此，反过来，交易成本会对交易配置做一定的调整，从而形成最终的盈利模式（见图5-5）。

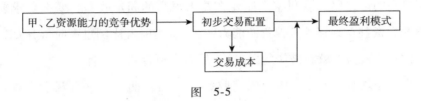

图 5-5

初始条件：甲、乙双方利益主体投入的资源能力都是可变贡献，且投入水平受利益主体意愿影响。

如果甲方跟乙方的资源能力集均实力强劲（用"高"表示），那么强强联合，初步交易配置倾向于选择分成，甲乙双方共同协作，共同投入，同享收益；如果甲方的资源能力集实力较强，而乙方不具备竞争优势（用"低"表示），则初步交易配置倾向于甲方分给乙方固定的收益，甲方自留剩余收益，承担大部分投入和风险；反过来，乙方具备竞争优势而甲方不具备竞争优势时，情况类似，不再赘述。而如果甲乙双方都不具备竞争优势，他们之间的合作就是比较脆弱的，倾向于选择不合作（见图5-6）。

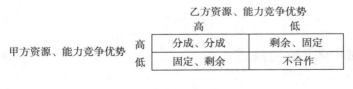

图 5-6

但是，不同的交易配置本身会导致不同的交易成本。比如，在前文提到的企业与农户的例子中，如果企业在田间管理具备竞争优势，而农户劳作不具备竞争优势，初步交易配置就会倾向于选择企业拿剩余而农户拿固定，也就是工资契约制。但是，当农户数量巨大时，企业就要承担大量的监督成本，考虑到农地面积的巨大，这种交易成本是巨大的。为了降低这种成本，最终的盈利模式就倾向于"固定 + 分成"，也就是企业获得低额固定和高比例分成，而农户获得高额固定和低比例分成，具体的划分比例则由企业和农户谈判决定。而如果初步交易配置被证明是交易成本较低的，则会维持不变，初步交易配置和最终盈利模式等同。其他情况与此类似，如图 5-7 所示，不再赘述。

如果省略掉中间推导过程，则根据甲方、乙方的资源，能力分布和交易成本大小可得到以下的决策矩阵（见图 5-8）。

在同样的风险承受能力下，按照以上原则设计的盈利模式，经过实践证明，其商业模式效率一般比较好。

甲方	乙方	初步交易配置(甲方)	初步交易配置(乙方)	交易成本	最终盈利模式（甲方）	最终盈利模式（乙方）
高	高	分成	分成	高	分成	分成
高	低	剩余	固定	高	低固定+高分成	高固定+低分成
低	高	固定	剩余	高	高固定+低分成	低固定+高分成
高	高	分成	分成	低	分成	分成
高	低	剩余	固定	低	剩余	固定
低	高	固定	剩余	低	固定	剩余

图　5-7

甲方竞争优势	乙方竞争优势	交易成本	盈利模式（甲方）	盈利模式（乙方）
高	高	高	分成	分成
高	低	高	低固定+高分成	高固定+低分成
低	高	高	高固定+低分成	低固定+高分成
高	高	低	分成	分成
高	低	低	剩余	固定
低	高	低	固定	剩余

图　5-8

5.7　盈利模式的组合

由于一家企业经常要跟不同的利益相关者交易，因此很少出现只有一种盈利模式，而往往是多种盈利模式的组合。

可以是变动的固定收益。例如，有些 shopping mall 在商圈培育阶段的租金一般相对较低，随着广告的投入和品牌的彰显，商业地产商会逐步阶梯式地提高月租金，虽然看起来还是固定收益，但事实上，为商业地产商部分地分享商场销售额提升的成果创造了机会。这也就解释了很多商业地产商都会为商场投入广告的背后动因。当然，租金的提升要跟商场知名度、人流量、销售额等的提升联动，否则就会招致商家的抵制，造成交易摩擦。2009 年年底，经济危机余波未平，建材市场正处恢复之际，红星美凯龙逆势提高租金，遭到很多建材商家的反对，就是一例。

可以是保底的分成。例如，某连锁零售企业与卖场内商户约定，在商户满足业绩要求后提取一定比例的佣金；若商户不满足业绩要求，该连锁零售企业则收取固定的费用。这就是固定和分成的一种组合。

可以是跟不同利益相关者做不同的盈利模式设计。例如，天虹商场就同时有固定、剩余和分成三种盈利模式，分别对应固定租金专柜、自营销售和合作销售专柜。

还可以是针对同个利益相关者做不同盈利模式的叠加。例如，在跟同个利益相关者做交易的过程中，深圳农产品以巧妙的信息制度安排为基础，设计了组合式的盈利模式，降低了多项交易成本，取得了不俗的业绩。

深圳农产品建立了一个农产品交易所，等着供需双方到这里来交易，然后收取各种费用，其中有固定的，也有分成的。

固定费用包括对一级批发商（连接供应方）收取的席位费、对二级批发商（连接需求方）收取的档位费和一级批发商每批农产品的进场费。

一级批发商销售农产品给二级批发商，二级批发商再将农产品销售给其他客户，每笔成功交易中，销售的一方均向深圳农产品缴纳 1.5% 的交易佣金。这是分成的收益。

这样一来，深圳农产品的盈利模式中有固定收益（席位费、档位费、进场费），有未来风险分成（交易费），既稳定了长期收入，又衍生了充沛现金流，的确高明。

当然，为了吸引交易者进场，获得固定的席位费、档位费和进场费，深圳农产品建设了多个庞大的物流园或者物流配送中心，并为农产品公司旗下遍布全国的农批市场网络提供综合金融服务。

为了获得销售信息，支撑分成收益的获得，深圳农产品在实体和虚拟两方面都做了大量的工作。

实体农批市场方面，深圳农产品研发出集成了电脑、打印机、读卡器和磅秤等设备的交易一体机，和流动交易结算车、交易结算中心一起，成为推进市场电子结算的"三驾马车"。

虚拟交易平台则面向易于标准化的大宗商品，深圳农产品致力于电子商务交易平台的构建和资源整合工作。

无疑，在固定、剩余和分成盈利模式的理解上，深圳农产品无疑比竞争对手更为透彻。

5.8 盈利模式的竞争

在同个行业中，不乏出现多样化的盈利模式，而不同的盈利模式对企业的资源能力配置和风险承受能力的要求是不同的，这才形成了缤纷多彩的商业生态圈。

以连锁电器零售为例，就存在两种截然不同的盈利模式，分别是"固定加分成"和"剩余"的代表。

以国美、苏宁为代表的盈利模式，对家电制造商收取的费用包括固定租金（以促销费用的形式）、按照销售额的分成佣金，还有一些商场内广告位的销售等。家电连锁企业和家电制造商共同承担了风险，也合力促进了销售。

国美、苏宁承担了店面选址、统一装修（由家电制造商按照销售面积分摊装修成本）、统一采购、统一库存、一部分售后服务、卖场整体广告宣传、部分定价权等责任。从这些责任来看，国美、苏宁更多的目标是提升整个卖场对家电制造商和消费者的吸引力；同时承担具备规模优势和协同效应的管理职能（例如，库存、采购），为家电制造商的销售保驾护航，为获取分成佣金的盈利模式打下基础——因促进销售业绩而提升了双方交易的交易价值；因掌握了家电产品的物流信息（通过库存、采购等流程）而降低了分成模式的交易成本。

相对于国美、苏宁，家电制造商获取了更多的剩余收益（总销售额减去国美、苏宁的固定租金和佣金分成），跟销售额的联系更加紧密，因此负担了直接影响业绩的销售人员成本，国美、苏宁在这个环节上就不需要投入太多。

以百思买为代表的模式，却是从家电制造商处直接批量采购，然后利用自有员工通过零售渠道销售出去，赚取价差。家电制造商获得了固定的批发价格，不再承担风险，百思买则获得电器销售之后的全部剩余收益，相应地承担人员成本和价格波动成本。

在这种模式下，百思买需要具备全家电销售技能，这里面包括对所有种类家电产品信息的了解，对客户一站式家电购物的需求理解等。

在美国，家电标准化达到了一定程度，不同品牌之间的信息很透明，在产品信息方面，百思买跟家电制造商相比并不存在明显的信息劣势；美国家庭在消费习惯上更加倾向于购买一系列家电，这为深刻理解消费者需求的百思买提供了向销售者推销家电购买整体解决方案的机会，无疑，价差模式为这种范围经济提供了很好的土壤。

而在中国，显然这两个条件暂时都还不具备：家电之间的信息并不很透明，百思买跟家电制造商相比，在产品信息上存在明显信息劣势，不如家电制造商销售效率高；中国家电消费者买单品多过于买多件，百思买对中国家电市场的消费习惯也还处于学习的阶段。

此外，这两种盈利模式在成本上也显著不同。

在固定加分成模式下，国美、苏宁只需要预付门店的总租金和卖场管理员工（一般不到 30 名）的当月工资。卖场的统一装修费用可以分摊到各个制造商头上，开店需要的样机和促销员都由家电制造商提供。算下来，5000 平方米的连锁门店，期初投入只需要 500 万元，后面源源不断地收取租金，对现金流的挤压更少。

而在剩余模式下，百思买需要建立自己的销售队伍（与上面 30 人的相比，至少要多出一倍），装修费用也是自己掏腰包。至于开店需要的样机和促销员，百思买都要自己承担。算下来，同样规模的门店，期初投入至少要 3000 万元现金，而且后面还需要继续投入资金支持货物的流转。

显然，跟国美、苏宁相比，百思买需要的投入更大，受到的财务约束也更强，在跑马圈地的早期，这直接造成了双方在扩张速度上的差异。一个数据就很能说明问题：2006 年 5 月，百思买和五星电器刚开始合作时，百思买中国和五星电器的门店之和大约是苏宁的 1/3；双方经过四年的发展，到 2010 年，这个数字已经变成了 1/5。

此外，由于制造环节日趋微利，对家电制造商而言，对销售终端的控制能够攫取更多的利润，在固定加分成模式下，家电制造商通过国美、苏宁间接控制销售终端，在承担一定风险的前提下获得更多份额的销售环节剩余收益；而在百思买的剩余模式下，家电制造商失去了渠道的控制力，无法分享销售环节的剩余收益，这是家电制造商很难接受百思买的另外一个原因。因此，只要国美、苏宁的固定租金合理，门店销售状况良好，百思买的吸引力就不足以使家电制造商"倒戈"。

从国美、苏宁和百思买的对决上，我们可以看到在同种商业业态下，不同盈利模式对企业的要求是不同的，导致的竞争优势也有所差异，最终竞争结局也会不同。

第6章

盈利模式之收支方式二：
进场费、过路费、停车费、油费、分享费

—

开过车的人都知道，买车的费用高，但养车的费用可能更高。这里面有各种固定费用，例如保险费、养路费、年检费；还有一些不固定的费用，例如维修费、油费、过路费、停车费等。一年下来，最便宜的车也要花去一两万元。

在这些费用里面，有一些是类似于商场的进场费，只有缴纳了这笔费用才有资格或者才被允许使用车辆，比如交强险；有一些按照使用的次数计费，比如过路费，某市对外地牌照的小型机动车每通过一次收取10元；有一些则按照使用的时间段计费，比如停车费，在大城市有些停车场每小时的收费是5元；还有一些是按照消费价值收费的，这里面，勉强可以对比的就是油费，按照能够行驶的里程数（跟汽油量成正比）收费。过路费和停车费也有按照别的计价方式收取的，例如某市对该市牌照的小型车辆统一收缴过路费，按照每年一笔固定费用收取；而很多小区的停车费则一次性销售，少则几万元，多则十几万元、二十几万元。如果追寻实质，这些固定费用其实赋予了车辆在该地区行驶和在该小区停车的权利，那么这种过路费和停车费实质上是进场费的变种。

　　与以上四种费用相比，还有把产品的价值创造作为计价方式的，我们不妨称之为分享费。最直观的例子就是加盟费，比如肯德基总部为加盟商提供了一个赚钱工具——肯德基加盟店。那么加盟商在利用这套体系赚钱时就需要付一定的加盟费，还有收入的部分分成。

　　分享费中的价值创造可以是收入的增加（例如加盟店），也可以是成本的节约。例如，EMC（能源管理合同）按照能够给企业客户创造的能耗节省价值为基准分成，这也属于分享费的一种。

　　进场费、过路费、停车费、油费、分享费这五种盈利模式具有普适的应用意义。表6-1是一些类似的范例。

表　6-1

类别	计价方式	范例
进场费	消费资格	会员费、订阅费用、自助餐、一次性销售
过路费	消费次数	搜索广告按点击数收费、健身卡按次数收费、投币洗衣机
停车费	消费时长	网络游戏按在线时长收费、手机通话按时长收费
油费	消费价值	按成本定价、网络游戏销售道具、计件定价
分享费	价值创造	加盟费，投资基金（包括一级市场、二级市场），EMC（能源管理合同）

　　这些盈利模式的普遍性令我们惊讶，例如，很多商家经常宣称按照使用成本或者费用定价，但实际上，这只不过是按照价值定价的一种。打个比方，如果该项服务的成本为1元，而客户愿意支付的价格为2元，商家的合理定价肯定为 1～2 元。因此，不管企业怎么宣传，最终还是按照价值定价。

　　比较容易混淆的是固定时间段的进场费和停车费。例如，某种电子杂志每年的订阅费用是 20 元，这是进场费还是停车费呢？判别的标准就是费用是否随着消费时长的增长而增长。显然，订阅费并没有这样的特征（在这一年里面，不管你在线看电子杂志的时间有多长，费用都是固定的 20

元），因此应该归为按消费资格计价的进场费。

某些行业在不同阶段应用了多种盈利模式，电脑游戏就是典型的一种。在很久以前，电脑游戏还主要是单机版，主要靠售卖拷贝盈利，类似于进场费，只有买到授权的拷贝才能获得玩游戏的资格。当然，为了防止简单的复制，游戏厂商会发布相应的序列号，只有拷贝加上序列号才有效，到现在这依然是微软操作系统的盈利模式；后来，发展到了按照玩的次数、时长收费；而史玉柱的《征途》则销售道具，属于按消费价值收费的盈利模式。

让我们感兴趣的是，同样是对车辆收费，为什么会有这么多不同的名目，计价方式差异如此之大，甚至即使针对同样的名目，也可以设计迥异的计价方式？探询以下几个问题，有助于我们探寻其背后的商业模式逻辑，并为把这些盈利模式推广到其他领域提供一些思考的灵感。

6.1　是否创造了新的交易价值

任何一种盈利模式，或者说任何一种定价方式都是有成本的。如果一种新的盈利模式明显比原先的模式要求更高的成本，那么很有可能是因为它创造了新的交易价值。

对于比较固定的进场费、按次数的过路费、按时间的停车费、按消费价值的油费、按价值创造的分享费，无疑后面四者需要投入的成本更高，例如收费站需要布置一定的人员，而停车场需要计时的设备等。但是，这些成本产生了新的交易价值——与缴纳一笔固定费用相比，收取的总费用更高。而对同一辆车而言，按照使用次数或者使用时间收费，更能体现权责平衡，也更公平，因此更容易得到车主的认可。

近年来，很多制造企业都纷纷转型，从原来的价差一次性销售变成服务多次性收费，虽然承担的成本提高了，但相应赚取的新价值更高。通用电气（GE）无疑是其中的佼佼者。

以发动机为例，通用电气变卖机器为卖运行时间，实现从制造到服务的华丽转身。

在以往，GE 的发动机靠两方面盈利：一次性销售利润，五年后大修的维修费用。前者占大头，但由于一次性费用太高，经常受到飞机制造商的压价，利润空间日趋缩小；后者则经常遭遇独立发动机维修商抢生意，这些维修商不需要承担一次生产投入的资金压力却能够凭借维修经验蚕食 GE 的维修市场，实现轻资产运营。

在前有狼后有虎的夹击下，GE 痛定思痛，重构了商业模式。

第一步，就是兼并收购独立的发动机维修商，消灭了有隐患的外部利益相关者。

第二步，则是转换了盈利模式，变一次性的"进场费"为按时间收费的"停车费"，这就是闻名遐迩的 PBTH（Power-by-the Hour）包修服务。顾名思义，PBTH 就是 GE 并不出售发动机，而只是销售发动机的运行时间，在这段时间里面，GE 保证发动机的正常运行，至于发动机、配件以及维修服务，一概不需要客户操心。这样一来，飞机制造商的一次性支付门槛下降，压价程度自然下降。GE 的两方面压力都得到解决。

跟一次性销售相比，按时间服务收费，GE 需要承担的风险无疑更大，其背后需要投入的成本也更高，为什么 GE 仍然愿意转换商业模式呢？理由很简单，同样一台发动机，产生的价值可以是不同的。

与飞机制造商相比，GE 更为了解旗下的发动机。换言之，同样一台发动机，与飞机制造商运行相比，通过 GE 来运行，能够运行的时间更长，保养的成本却更低，从而可持续产生的价值更高。新产生的价值中，除了一部分跟飞机制造商共享，GE 还能有额外的盈利，自然有主动性选择重构商业模式。

一般来说，对同一个项目，评估一项交易对客户的价值需要相应资源能力的支撑，越能精确地评估这些价值，企业能够攫取的交易价值就越高。而按价值创造（分享费）、按消费价值定价（油费）、按时间定价（停车费）、按次数定价（过路费）、一次性消费资格定价（进场费）等评估方式在效果上越来越粗略，对企业的资源能力要求也越来越低。如果企业的资源能力足够强，就可以考虑采取按价值定价（分享费、油费），这样产生的交易价值最大；反之，则要考虑其他的盈利模式。

假如 GE 在运营发动机方面没有比飞机制造商具备更为强劲的资源能力，按时间收费的盈利模式将很难创造新的交易价值。那样的话，跟一次性销售的进场费相比，PBTH 这种成本高的盈利模式将得不偿失，也不可能产生。

6.2　是否降低了交易成本

在进场费、过路费、停车费、油费和分享费这五项里面，交易成本最低的无疑是进场费，有很多原本采取后四种盈利模式的企业后来退化成第一种进场费，就有这样的考虑在内。

笔者在深圳某个社区发现了一家涮涮锅，里面有两条流水转盘，有点类似于日本的回转寿司。每个消费者都有一口小锅，可以从流水转盘上拿下不同颜色的碟子，每个碟子代表不同价格的菜品。这种涮涮锅的盈利模式无疑是油费——按消费者的消费价值收费，这意味着这家饭店需要盘点每位消费者的消费量，加上相应的一些接待，而这是需要付出执行成本的。

过了一段时间之后，笔者发现，这家饭店转型了，变成了自助餐模式——不管消费多少，每位都是 48 元。盈利模式已经变成一次性的进场费了。

　　有一次偶然的机会，笔者碰到了这家饭店的老板，问起原委，老板解释说经过测算，自助餐模式虽然可能遭遇消费者大吃特吃，但降低了人员投入，店面上的人工减少了超过一半。相比之下，后者的节省超过前者的损失，两害相权取其轻，于是觉得自助餐模式更容易管理一些。

　　当然，很自然地，由于是自助餐模式，为了提高消费者浪费的成本，每个盘子的供应量也有所下降，从而增加消费者取盘子的时间，降低取盘子的频率，这很好理解。

　　对同个项目而言，不同的盈利模式需要付出的交易成本有所不同。要了解客户所得到的价值、测量客户的时间、测算客户的使用次数等都需要付出额外的交易成本。因此，一般来说，按价值定价（分享费、油费）、按时间定价（停车费）、按次数定价（过路费）、一次性定价（进场费）的交易成本相应递减。如果这些额外的交易成本被证明是难以得到补偿的，那么，简单的进场费就是合理的；如果新增加的交易成本能够得到补偿，则应该考虑采取交易成本高但交易价值也高的油费等。

　　富士施乐（中国）采取的正是类似于油费的按消费价值计价的盈利模式。富士施乐（中国）将其数码印刷产品以租赁方式交给中国数量繁多的数码快印店使用，租赁的时间非常灵活，可以是一年、三年甚至五年；设备价格从几十万元到几百万元不等。这些快印店除了每年要支付相当于产品价格20%以上的本金和利息外，还要根据印制的张数支付维修服务、配件、耗材等费用。例如，复印一张彩色纸需要交给施乐0.7～0.8元的服务费。

　　那么，富士施乐（中国）怎么知道快印店复印了多少纸张呢？奥秘就在于复印机里面的计数器。为了保证计数器的正常使用，富士施乐（中国）每隔一段时间就要派维护人员上门服务，检查计数器并提供相应的维修服务。交易成本无疑是巨大的，对富士施乐（中国）来说，保证其计数器的技术机密不外泄，维持这个成本高昂的交易并不容易。

问题的关键就在于，要使交易成立，富士施乐（中国）必须了解快印店复印价值这部分的信息（也就是复印张数）；而快印店本身并没有意愿去透露这个信息（意味着多交钱给富士施乐（中国））。这种信息不对称，提高了执行成本。而在高交易成本下，富士施乐（中国）仍然选择这种盈利模式，只能说明交易成本的提高仍然低于交易价值的提升，它有利可图。

事实上，很多本来打算按照分享费收取的盈利模式之所以落空，就是因为交易成本太大。例如，曾有一些咨询公司想按照咨询项目对企业客户所创造的价值分成收费，但是一个企业的销售额增长、利润增长受影响的因素何其多，要确定该咨询项目在这里面具体起到了多大的作用是很困难的。因此，咨询公司大多退而求其次，按照交易价值次高但是交易成本低得多的停车费（消费时长）计价。例如，国内咨询公司一般按照投入项目的人数和时间（比如每人每月 60 000 元）对客户要价。

6.3　是否降低了交易风险

对企业来说，选择分享费、油费、停车费、过路费和进场费的风险各有不同。如果选择进场费，收入较为稳定，但空间有限；如果选择停车费，可能收入空间较大，但可能上下幅度太大，有时候停车位满了，有时候却空空如也。

对企业不同的盈利模式，消费者的反应也不同，这种逆向的选择也会带来风险。如果是进场费，可能会过度消费，"扶着墙进，扶着墙出"不就是很多自助餐消费者的写照吗？而如果是停车费，则可能导致消费不足或者消费行为被扭曲。在某些第一个小时免费，从第二个小时开始收费的停车场，不乏每隔一个小时开车出去再回来的例子。而这些无疑都会增加交易成本或者降低交易价值，从而违反盈利模式设计者的初衷，这就要求企业有先见之明，提前为风险做好准备。

为了降低这种风险，企业会设置一些配套的措施。

例如，在很多自助餐饭店，一般都会对高价格的食物限量供应，或者在专门的柜台供应，造成稀缺，让消费者排队等待，每次只能拿到限量，提高消费者的时间成本，从而降低过度消费的浪费成本。例如，深圳益田假日广场的"四海一家"自助餐里面，烤生蚝就要求顾客排队等候，而且每个人一次只能拿两个。

而有些盈利模式由于风险过大，已经被替代掉了。

例如，在农产品交易中，现金交易是一种巨大的风险，收到假币还是小事，更大的风险在于很多交易人员携款潜逃。于是，有些按照实际价值定价的方式（类似于油费）近年来转化成按照耕种面积收费（类似于停车费），虽然收的款项可能减少了，但是按照耕种面积可以收取固定的金额，让农户直接到企业缴纳或者电子缴费，省去了人工接触现金的风险。

而由于技术的发展，可能原先的风险已经不再存在，这就有可能引导一些原本风险高的盈利模式重新出现。

例如，深圳农产品股份有限公司由于交易的都是大宗农产品，交易双方都是大企业，且都是通过电子秤、缴费卡电子交易，有效地消除了现金交易的风险，从而为深圳农产品股份有限公司按照交易金额抽取分成佣金（类似于油费）创造了条件。

前文提到的电脑游戏盈利模式的演化，其实也根植于网络技术的发展足以记录玩家的各种行为，电子支付的金融创新使玩家缴费的交易更加可控，使原本由于风险高而不可能采纳的盈利模式成为可能。

6.4　盈利模式背后是实力差异所导致的博弈结构差异

不同的盈利模式背后，其实反映了不同利益相关者的实力差异以及这种实力差异所决定的博弈结构差异。

进场费最简单，却反映了企业与消费者对一次性消费交易价值的争夺。交易价值，可分解为企业生产该产品的成本、交易成本和商业模式价值。商业模式价值则由企业获得的企业价值和客户获得的客户剩余组成。价格的高低，反映了企业价值从商业模式总价值中所切割的份额。如果以高价格成交，则意味着企业获得了更多的企业价值；反之，则是客户获得了更多的客户剩余。很显然，实力差异决定了讨价还价能力的高下，从而决定了企业争夺商业模式价值份额的大小。

但是，一次性消费资格的销售毕竟是粗放的，只能吸引一次性意愿支付价格在此之下的消费者。比如，一款定价 2000 元的洗衣机就很难吸引到实际只愿意支付 1500 元的消费者。

在这种博弈结构下，双方都有意愿隐瞒自己的信息，以提升讨价还价的能力。即使是愿意支付 2500 元的消费者也有可能表示自己只愿支付 1800 元，以争取企业降价。

过路费、停车费、油费、分享费等则一步一步地细分消费者，使不同消费水平的消费者都能因此获取消费的资格并为自身的消费行为买单。例如，不愿意掏 2000 元买洗衣机的消费者可能愿意花 5 元洗一次衣服，那么，按次数收费的投币式洗衣机就把原本的非目标消费者发展成了目标消费者。

为此，企业就需要诱导出消费者的信息，采取的就是设计好盈利模式，让消费者就座；消费者则对盈利模式的政策定好自己的对策，在逆向选择中暴露自己的信息。双方因此需要支付诱导信息和显露信息的交易成本，但带来的却是更多的交易量或者更合理的交易价格，这就提升了交易价值。

由于盈利模式的设计通常以企业为主，如果企业的实力能够诱导消费者显露其信息，从而提升整个商业模式的总价值，那么，即使这种诱导需要花费更高昂的交易成本也是值得的。当然，为了回报企业的努力，企业因此在新增加的商业模式价值中切割较大的一块作为企业价值也无可厚非。消费者则要对这种盈利模式用脚投票，这种反向选择最终会挑选出好的盈利模式，而让不合时宜的盈利模式归于尘土。

当然，尽管以上论述都采用企业和消费者的称谓，但读者应该清楚，把消费者换成供应商、经销商等其他利益相关者，问题的实质也不会改变。

第 7 章

盈利模式之收支方式三：
组合计价

—

盈利模式包括盈利来源和计价方式。之前我们讨论的进场费、过路费、停车费、油费、分享费等都属于计价方式，但是那都是针对同一个消费群体和同一种产品的。在现实中，我们经常会碰见一个企业同时面对多个消费群体同时销售多种产品的情况。例如，IBM 会面对同一个中小企业同时销售服务器、软件和咨询服务等多种产品（或者服务）；杂志期刊，要同时面向图书馆、企业和普通读者等几个消费群体。对不同产品和不同消费群体采取何种组合计价，从而使焦点企业攫取最大的利润，这无疑考验企业家的智慧。而这些组合计价方式背后所蕴涵的经济管理逻辑，更值得玩味。

按照组合的不同方式，我们可以把组合计价分为产品组合计价和消费群体组合计价两种。其中，产品组合计价比较常见的有两部计价（进场费 + 过路费或者进场费 + 油费）、剃须刀—刀片、反剃须刀—刀片、整体解决方案、超市货架等，消费群体组合计价则主要有交叉补贴、批量计价、分时计价等。

7.1　产品组合计价

绝大部分企业并不只销售一种产品，如果其面对的消费群体对这些产品存在一起消费的倾向，对产品进行组合计价，自然比单独分开计价的商业模式价值更高。

从交易价值看，对产品组合销售，企业获得的总购买量要远远高于单独销售；从交易成本看，产品组合交易，减少了企业与消费者的讨价还价次数，降低了讨价还价成本；从交易风险上看，产品组合平抑了不同产品之间销售周期的起伏，能够使交易现金流更加平稳。

当然，产品组合也不是百利无一害的。最主要的交易风险来自竞争对手。由于产品组合是以规模经济的牺牲来换取范围经济，如果竞争对手挑选其中一两种有利可图的产品，规模化生产进入市场，则有可能对产品组合打开一个缺口。为了阻止竞争对手，实践产品组合计价的企业就要做一些额外的商业模式安排。在下文中，利乐的例子将会使我们体会到这一点。

7.1.1　两部计价

东部华侨城有两种门票：第一种相对比较贵，里面所有的项目都可以任玩；第二种比第一种便宜，但是只能玩一部分项目，项目列表之外的需要另外收钱。像第二种门票我们就称之为两部计价。

具体来说就是，消费者通过缴纳进场费先获得进场消费的资格（可能同时获得一部分消费的赠与），然后针对具体的消费量再收钱，类似于我们之前描述过的进场费加上过路费。公园、动物园等娱乐场所经常采取这种方式。

采取这种盈利模式的企业往往固定成本较高，而消费者持续消费的边际成本较低，因此，通过一次性的进场费获得消费资格，企业就可以收回大部分的固定成本。至于过路费或者油费（如果按照次数收取就是过路费，如果按照消费价值收取就是油费），在边际成本的基础上加一个比例就可以实现盈利。

当然，除了成本结构，消费者的支付意愿也会影响两部计价的具体表现形式。有的消费者消费次数比较频繁，边际上的消费弹性就比较大，如果在过路费上定价太高则有可能抑制消费，从而使进场费失去吸引力，这时候就应该设置高进场费、低过路费（油费）。反之，有的消费者消费次数相对较少，边际消费弹性就较低，这时候采取低进场费、高过路费（油费）也许才是适宜的。

通过不同的进场费、过路费（油费）组合，企业可以同时锁定多个消费群体。移动运营商设置的通信套餐之多（中国移动的子品牌就有全球通、神州行和动感地带三个，而同个子品牌下又有不同的通信套餐），令人眼花缭乱，基本都是在网络"进场费"、语音通信"油费"和数据通信"油费"几个的高低之间进行调整，最终通话多的用户（选择通话"油费"低廉的套餐）跟短信多的用户（选择短信"油费"低廉的套餐）选择的两部计价方式自然不会一样，各就各位，各得其所。如果采取的是单一的两部计价，或者是统一的单一产品计价，可想而知，移动运营商的消费群体自然会大大缩小，能够获取的利润也更加有限。通过让客户自己选择，移动运营商通过高明的两部计价，网罗了不同特征的消费群体。

移动运营商的成长历史，其实就是两部计价从无到有，从简单到复杂再到更复杂的历史。在此过程中，移动运营商实现了从网络建设到网络运营的转型，企业价值也因此不断增加。

7.1.2　"剃须刀—刀片"与"反剃须刀—刀片"

最先发端于吉列的"剃须刀—刀片"模式，已经作为一种经典的盈利模式被写入了很多商学院的教材。然而，这种模式的风险却不为很多企业家所了解。

"剃须刀—刀片"的精髓在于通过廉价的剃须刀锁定客户，然后用毛利高的持续刀片销售获取盈利。在这里，锁定客户是前提。如果不能锁定客户的话，那这个模式就很难实现。

打个比方，如果有一家非常善于制作刀片的企业只销售刀片，由于没有补贴廉价剃须刀的负担，相信这家企业的竞争力会毫不逊色于吉列。但这种企业我们至今还没碰见，原因不外以下几个：吉列的品牌好，别家的刀片消费者信不过；吉列的刀片质量非常好，别的企业赶不上；吉列通过某些技术手段使其剃须刀只能用吉列的刀片，其他品牌的刀片用不了……不管是哪种原因，都证明吉列的确锁定了客户。

事实上，上面的第三个原因正是利乐成功的奥秘所在。

利乐是一家优秀的公司，当伊利、蒙牛等中国乳业巨头斗争得不亦乐乎的时候，利乐通过优惠的价格打入中国市场。乳业巨头只要付20%的设备费用就可以买入利乐的牛奶包装生产线，剩下的80%采取承诺购买一定数量的包装纸支付。在战斗正酣的时候，少付80%的设备款项，就多80%的费用投入战场，乳业巨头纷纷对利乐感激涕零，在利乐的帮助下大大扩大产能，争夺市场。

在市场格局稳定下来后，乳业巨头发现利润在不断摊薄，这时候追溯成本结构，才发现利乐包装纸占了很大的比例。同样的包装纸，利乐要比竞争对手贵很多。

也许，有人会说：那就换包装纸吧？对不起，还就换不了！利乐在包装纸上打了识别码，以便每一袋牛奶都能追溯到奶源和生产各个环节的员工，同时也就使其生产线只认利乐自己的包装纸。如果更换设备的话，问题更严重，那些动辄几千万元的设备会让乳业巨头立刻亏损。于是，乳业巨头打消了更换包装纸合作伙伴的念头，继续和利乐合作，利乐也因此分享了中国蓬勃发展的乳业市场。

不妨设想一下，如果利乐的设备跟包装纸并没有相互锁定，那么，利乐要么出局，要么只好降低包装纸价格，陷入包装纸价格战的泥潭。

跟"剃须刀—刀片"相对应还有一种模式就是"反剃须刀—刀片"，代表作就是乔布斯的 iPod。

iPod 最让人津津乐道的就是其 iPod + iTunes 模式，很多人都在算 iTunes 有多少首下载歌曲，为苹果公司赚取了多少钱。然而，事实上，除了跟唱片公司的分成和苹果公司的运营成本，iTunes 在 iPod 时代并没有创造多少利润，真正赚钱的是 iPod 的销售。

换言之，乔布斯卖"刀片"是幌子，销售 iPod 这个"剃须刀"才是真正的目的。iTunes 是 iPod 的亮点，跟唱片公司的合作只是让乔布斯分摊掉了 iTunes 的运营成本，实现了 iTunes 的零成本。在音乐版权管控严格的美国市场，iTunes 的出现大大降低了消费者购买音乐的门槛，刺激了数字音乐市场的繁荣，拯救了一大批唱片公司，而作为 iTunes 的黄金搭档，iPod 大卖特卖也就在情理之中了。

中国市场的经历在很大程度上就反映了这一点。尽管 iPod 的设计受到很多苹果发烧友的青睐，但平心而论，对 iPod 的狂热远远不及后来的 iPhone 和 iPad，除了品牌的积累，另外很大的一个原因就是在当时音乐版权意识较薄弱的中国大陆，只有音乐商店的 iTunes 是可以替代的，iPod 跟其他 MP3 相比并没有太大的优势。而加上了应用软件商店（App Store）的 iTunes 却是很难替代的，因此在中国大陆市场，iPhone、iPad 的生命力就会远超过 iPod。

反"剃须刀—刀片"而行之，从以刀片作为卖点，靠剃须刀盈利，到最终实现剃须刀和刀片的同时厚利，乔布斯不愧是商业奇才。

7.1.3　整体解决方案

整体解决方案最先发端于 IT 市场，指的是把一系列相互配合的产品和服务搭配在一起卖给同一个客户。

这些产品和服务一般来说有互补性，比如说服务器、PC 和软件，企业客户一般是同时使用的。此外，它们相互之间并不是完全兼容的，因此，如果从不同的品牌分别购买服务器、PC 和软件，组合起来的运营效率很多时候并不如向同一个品牌购买的产品组合。事实上，从企业客户的角度来说，即使是运营效率相同，只要价格合适，向同一个品牌购买产品组合仍然是有利可图的。毕竟，与一个品牌交易跟与多个品牌交易的成本是不同的，这是很多企业客户青睐整体解决方案的动因。

对提供整体解决方案的企业来说，其提供的产品、服务未必要完全靠自身生产，也完全可以外购。不管是自己生产，还是外购，由于产品组合中的产品存在互补性，经常一并消费，合并企业客户的需求就能够实现单个产品的大规模生产或者采购。在销售端实现范围经济，在生产端或者采购端实现规模经济，整体解决方案事实上同时实现了超级集权和超级分权，我们也就不难发现，为什么这个领域容易出现伟大的公司了。其中最杰出的代表当然是 IBM 公司，从硬件整体解决方案进化到软件整体解决方案再到知识整体解决方案，铸就了 IT 业的不朽神话！

7.1.4　超市货架

跟整体解决方案相类似的是超市货架，但是这种模式对产品组合的内在互补性要求就没那么严格了。

去过家乐福、沃尔玛甚至 7-11 的消费者都清楚，在一个超市（7-11 是便利店，但不影响问题的分析）里面，一般来说，既有熟食、食品等，也有牛奶、烟酒、糖果等。一般来说，不同产品的毛利率是不同的，熟食、食品的毛利率较高。但是，为什么这些超级市场不会只摆熟食和食品呢？

一个主要的原因就是消费者在逛超市时，对不同产品的购买存在互补性，尽管这种互补性不如前文的整体解决方案，但是仍能促进高毛利产品的销售。此外，高毛利产品的消费量毕竟有限，在租金成本和货架成本固定的情况下，多余出来的销售面积只要毛利率足够高，多销售一平方米产品就多一平方米的毛利。因此，超级市场一般会依照毛利率从高到低，依次摆放、销售产品，从而实现利润最大化。

如果有毛利更高的产品要进入超级市场，只要把低毛利的产品替换掉即可，这比增加货架面积或者重新开一个超级市场的交易成本自然要降低很多。

超市货架的其中一种变体是固定成本高而边际成本低的媒体。例如，很多报纸都有内容繁复、栏目众多的版面，但实际上，读者甲可能只需要看娱乐版，读者乙只想看体育版，读者丙只要看国际新闻，一套覆盖所有版面的报纸会受到读者甲、乙、丙的一致青睐，而对于读者来说，不感兴趣的版面直接忽略即可。各个版面之间的广告、编辑等资源可以协同运营，广告价值却由于覆盖受众的扩大而增大。跟分开发行娱乐版、体育版等单行版本报纸相比，交易成本降低很多（不会超过三者单独成本的总和），交易价值却会超过三者单独价值的总和，大大合算！

7.2 消费群体组合计价

消费群体组合计价跟产品组合计价相比，交易成本会大幅度提升。道理很简单，跟产品组合计价相比，企业需要进一步了解消费者的需求偏好信息，这种信息获取的成本可能是不菲的。此外，由于不同消费群体购买的是同一种产品，如何防止不同群体价格的错配和防止他们之间套利也是个问题。

消费群体组合计价一方面扩大了企业的产品受众面，另一方面在不同消费群体面前掌握了定价的主动权（不同群体定价不同）。企业不但从单个消费者身上赚取了更多的钱，而且从更多的消费者身上获利，交易价值得到大大提升。

但是，由此带来的就是对不同消费群体的区隔和甄别所导致的交易成本。最大的交易风险就是不同群体与价格之间的错配，如果设计不好，原来应该支付高价的享受了低价，原来只能承担低价的却支付不起高价，只好退出市场，这就使企业支付了区分不同群体的交易成本却没有享受到相应的交易价值，与企业设计的初衷背道而驰，得不偿失。

消费群体组合计价的一个特例就是拍卖市场，这是一个要把消费群体分离开但是最终只能跟其中一个交易的盈利模式。对同件物品的拍卖来说，一般来说只能卖给一个消费者。如何甄别出给价最高的消费者至关重要。因此，有些拍卖市场设置门槛，消费者需要缴纳押金（拍卖结束后会退还）或者购买门票（拍卖结束后不退还）才被允许进场，这就把出价能力低的交易者排除在外。更重要的是，通过英式拍卖（公开增价拍卖）、荷式拍卖（公开降价拍卖）、首价密封拍卖、维克瑞拍卖（第二价格密封拍卖）等方式诱导参与交易者泄露心目中最接近的价格，以争取拍卖物以最高价格卖出。这种对不同群体的甄别和区隔的模式设计智慧在消费群体组合计价中具有普适的重要性。

的确，能否以较低交易成本甄别和区隔不同消费群体，正是消费群体组合计价能否成功的关键所在。在下文要涉及的交叉补贴、批量计价、分时计价，无不都体现了这一点。

7.2.1　交叉补贴

这种计价方式多见于平台型商业模式。平台型企业会联结多个消费群体，这些群体之间存在相互吸引的特性，而且不同群体的消费能力和消费欲望是不同的。如果这里面存在两大类消费群体，一种消费能力低、消费欲望弱，另外一种消费能力高、消费欲望强。按照传统的盈利模式，对前者避之唯恐不及，对后者则趋之若鹜。但是，如果第一种消费群体达到一定规模后会吸引到大量的第二种消费群体，那么，用低价甚至免费吸引第一种群体以锁定第二种群体，实现从第二种群体盈利的目的就是可行的，这就是交叉补贴。

值得指出的是，交叉补贴并非指在服务低价或者免费的消费群体时企业一定是亏本的，而是表示企业在不同消费群体之间获得的利润（某些群体可能是负利润）是不同的。从总的效应来看，企业需要通过高利润的群体去补贴低利润的群体。

这种计价方式散见于各行各业，比方说，电视台要同时面对两个群体：观众和广告商家。相对广告商家而言，普通观众不管从消费能力上还是消费欲望上都大大不够。但是，观众越多，广告商家发布的广告越有价值，换言之，观众群体的壮大能够吸引到大量广告商家，所以，对观众免费就成了通行的电视模式。所谓的"眼球经济"都有异曲同工之妙。很显然，这里面观众和广告商家的诉求和消费特征差别很大，不会产生错配。

而在互联网上，由于群体的需求不同，就出现了所谓的"基本业务"和"增值业务"。以 QQ 为例，通信交流的 QQ 软件是基本业务，而 QQ 秀、QQ 游戏等就是增值业务。对基本业务的消费群体免费，对增值业务的消费群体收费，或者反之，又或者基本业务低价、增值业务高价等，都是互联网可以采取的计价方式。其中的逻辑跟上文电视台的例子异曲同工。

　　当然，有些业务表面上是同个业务，但是把质量、体验、速度等指标差异化，就分成"基本业务"和"增值业务"了。打个比方，同样是下载业务，迅雷的会员就可以享受比非会员更为高的下载速度，这就通过不同的下载速度区分开了"基本业务"和"增值业务"。而不同级别的会员（据说，从"列兵"到"联军司令"，一共有55级）享受到的下载提速水平也不同，这就进一步把"增值业务"分成了多个档次。

　　有些企业面临的客户群体未必是相互吸引的，可能是相互独立的，只是为了实现某些目标而对其中一些群体补贴。比如，尤努斯所倡导的社会企业慈善模式，就同时面对穷人和富人。这里面穷人对富人并不具备直接的吸引力，但是对穷人免费或者低价是社会企业的既定目标，为此，就必须对富人采取达到盈利水平的计价方式。这里面，对穷人、富人的区隔很重要，尤努斯采取的方式就是包装不同、消费环境不同等。比如，卖给穷人的酸奶采取简单的包装，而且采取更贴近乡村的渠道，卖给富人的则相反。又比如，当印度亚拉文慈善眼科医院服务富人时，一般会采取更好的医疗环境和医疗手段。这种区隔会让富人和穷人对号入座，而不会产生群体和价格错配的现象。

　　事实上，交叉补贴的应用范围远远超过它名字所代表的含义。一个企业可能面对多个独立的客户群体，只要他们的消费能力和消费欲望不同，企业能够以较低的交易成本将他们区隔，就可以对他们分别定出最合适但是彼此不同的价格，从而攫取到最高的利润。例如，有些学术期刊杂志社同时面对图书馆和个人订户（一般是教师和学生）。由于后者的消费能力有限，只能承担低价，所以即使是同样的期刊，杂志社也会对图书馆定高价，而对个人定低价。由于这两者的订阅渠道和方式都不同，很少会存在错配的情况。设想一下，如果杂志社只能定一个价格，那么定高价则流失个人订户，定低价则降低从图书馆订户获得的利润。通过对图书馆和个人订户定不同的价格，杂志社获得了最高利润。

　　当然，有的低价则以其他方式变相进行。例如，很多杂志的优惠订阅会以优惠券（或者回答调查问卷）的方式打折扣，需要剪下杂志上面的优惠券（或者填写好调查问卷）寄回到杂志社，这要耗费一定的时间和精力。只有时间成本较低的订户才会去做这样的事情，而收入较高、没空做这项工作的订户则继续接受高价，这就有效区分开了高收入和低收入人群。

7.2.2　批量计价

　　顾名思义，批量计价就是不同的批量给不同的定价。

　　一般情况下，批量计价是指批量越大，价格越低。打个比方，1 个苹果 2 元，3 个苹果 5 元。否则就会出现套利情况。比如，1 个苹果 2 元，3 个苹果 7 元，那么就会出现分三次买一个苹果的反常现象。企业支付了更高的交易成本（一次交易变成三次交易），却没有得到更高的交易价值（7 元变成 6 元），这是不合算的。

　　批量计价的存在对供需双方都有好处：第一，对企业来说，存在规模经济，生产 2000 个苹果的成本比生产 1000 个苹果的成本增加少于一倍，那么，以优惠的价格销售新增加的 1000 个苹果是有利的；第二，对消费者而言，量越大，平均价格越低，只要平均价格仍然低于消费者的心理预期，消费者就会选择批量更大的苹果。因此，批量计价无疑为供需双方创造了更高的交易价值。

　　从交易成本上看，批量计价降低了交易的次数，节省了交易时间，从而也节约了总的交易成本。由于不同批量需求的消费群体是不同的，因此，不会出现价格和群体错配的现象。

7.2.3　分时计价

分时计价是在不同的时间段给不同的定价，利用时间区隔开了不同的消费群体。不管是批量计价还是分时计价，计价对象都是同样的产品，只不过前者是批量不同，后者是时间不同。

举个例子，电影首映式的票价一般都会高于后续的普通场票价，同样的电影，只是因为时间不同就有了不同的计价水平。对电影院来说，舍得花大价钱买首映式电影票的一般都是铁杆影迷，这部分无疑是高质量的观众，不但消费能力高、消费欲望强，而且对电影的欣赏水平一般也较高。这部分影迷对电影的传播对后面消费群体的拉动是很明显的。随着电影上映时间的推后，价格会逐步下降，最终降到很低的价格时才会去观看的观众一般都处于可争取可不争取的范围了。因此，电影圈里的人都有个共识：两周就基本决定了电影的票房。

对于很多产品，企业都经常采取分时计价，用高价格和少供应量造成阶段性的缺货，使最铁杆的消费群体最先用最高价买到产品，次铁杆的群体次先用次高价购买，依次类推，最终企业实现了对不同支付愿望的群体定了不同水平的价格，攫取到了最高的利润。这种方式之所以能够实现，在很大程度上是因为最等不及的群体一般是最优质的消费群，他们愿意付出更高的价格去获得这种"尝鲜"的特权。像苹果的 iPad 等产品分阶段供应，就是这方面的例子。

即使不采取这种分时计价方式，对铁杆消费群体的吸引仍然是很有价值的。这时候，企业一般会采取补充的其他计价方式。比如，很多演唱会除采取分时计价吸引最优质消费群体之外，一般还会故意把价格定在歌迷支付愿望之下，因此会吸引过多的歌迷排队购买。很多人就会问了，既然可以赚到更多的钱，为何不把价格定在歌迷支付愿望那个水平从而刚好售罄不用排队呢？其奥秘在于，这种价格空间会吸引到一部分消费能力可能不太高但是对该歌手很狂热的歌迷，歌迷的数量越多，排队的人越多，一方面为演唱会做了更好的宣传，另一方面只有最狂热的歌迷才有耐心排队，这些人到了现场会更好地点燃气氛，使演唱会更加成功。

分时计价还有可能出现在政府管制领域。比如，在高峰期对拥挤道路实行高过路费，而在平时则实行低过路费。这样，行程不紧张的车辆就会选择低过路费的时段而拉低高峰期的波峰，起到平抑不同时段车流差距的作用。极端一点的分时计价方式则是高峰期收费，平时不收费，这样的效果表面看起来差不多，本质上却有区别。由于收费需要时间、人员等额外的交易成本（不收费则不存在这些成本），车辆要减速和停车交费，车流会因此得到累积，反而会受到司机的质疑：这不是反而增加了拥堵吗？这时候，假如能够辅以 IC 卡直接扣费等信息手段以降低交易成本，相信政府的管制手段会更加有效。

第 8 章

盈利模式之收支来源

———

　　盈利模式指的是以利益相关者划分的收支来源以及相应的计价方式。此前我们讨论的固定、剩余、分成，过路费、油费、分享费，组合计价等都属于不同形式的计价方式分类。这一章我们探讨收支来源。

　　分析企业的收支来源有三种途径：第一种，企业的盈利来自哪些资源能力；第二种，企业的盈利来自哪些业务（包括产品/服务和市场）；第三种，企业的收入和成本分别来自哪些利益相关者。

8.1　盈利来自哪些资源能力，哪些业务

　　经常有企业家讲：我靠经营能力赚钱，我靠矿产资源赚钱，等等。这里面蕴涵着一个意思：每个利益相关者的盈利来源于不同的资源能力。例如，在家电卖场中，国美、苏宁掌握卖场的品牌资源和供应链管理能力，家电厂商掌握家电产品的制造能力和品牌资源，而商业地产则掌握地理位置。它们构成了一个整体的商业模式，但在其中获得盈利靠的却是不同的资源能力。

（1）**商业模式是利益相关者的交易结构，也是其相互之间资源能力的重新配置**。

交易之所以发生，就在于相互之间资源能力的互补，唯此，方能发挥最大的交易价值。很多资源能力在企业甲发挥不了用处，但是却可能跟企业乙交易，创造新的价值，这时候未必需要联合最强大的合作伙伴，而可能是最需要这个资源能力的合作伙伴。例如，UT 斯达康引入小灵通的时候，就无线而言，移动的实力自然比联通强，而电信却是一穷二白，完全不具备运营无线网络的经验。但是，UT 斯达康选取的却是电信，原因很简单，电信因为没有无线，对小灵通的需求是最迫切的。这个选择，让UT 斯达康连续 17 个季度盈利超过华尔街分析师预期，成就了一段 IT神话。

（2）**有一些资源能力虽然企业不具备，却可以通过别的方式去控制**。

拥有、控股、参股固然是一种方式，但采取一些巧妙的方式控制，有时候可以起到四两拨千斤的作用。例如，在开连锁店涉及商业地产时，有些企业自买物业，有些企业签长租。有一个企业的做法却独辟蹊径，每当看好一个店面，就跟店面谈好，由企业跟业主签好租约，加盟店长入驻，店长向业主缴纳租金，但地点的合同是掌握在企业手里的。零售店面的销售额在很大程度上取决于区位，如果店长退出，企业仍可以通过租约控制店面，保护销售额。企业通过做"二房东"降低了交易风险，提升了控制力。这个商业模式中，关键点在于把店面的所有权、使用权和经营权切割开，所有权属于业主，经营权交给店长，使用权属于企业，这样，虽然没有物业，也不直接经营，企业仍然可以牢牢地控制终端。

（3）**某些盈利模式建立在独特的资源能力之上，企业可以围绕独特的资源能力设计盈利模式，建立门槛**。

例如，三大通信运营商的 3G 牌照是其他企业所得不到的独家资源。所有想在移动互联网中分一杯羹的大中小企业，在设计商业模式时都必须考虑到通信运营商的角色，而这将为通信运营商的盈利模式留下巨大的设计空间：可以介入具体业务的运营，获取运营费用；可以投资合作伙伴，获得投资收益；可以做大整个移动互联网商业生态网络，收取网络通路费之类的"税收"；可以建立移动门户平台，信息费、增值服务费、广告费……多点盈利，等等。当然，这些资源能力的独特性可能造就强大的市场溢价，如果资源能力可以买卖，直接交易资源能力本身也成为一种可选的盈利模式。华人首富李嘉诚纵横商场几十年，最厉害的绝招并非经营精妙，而是眼光独到，低买高卖。以 3G 牌照为例，1993 年，李嘉诚在市场不看好的时候购入英国移动电话公司 Rabbit，并易名为 Orange（"橙"）。短短六年间，欧洲的 3G 迎来了最井喷的时期，李嘉诚转手把 Orange 的 3G 牌照卖了，一夜之间赚了 1180 亿港元，超人"千亿卖橙"成为不可复制的资本运作神话。

（4）**某些盈利模式在起步的时候未必具备不可攻破的关键资源能力，但"先走一步"使其获得了积累关键资源能力的先手优势。**

例如，在高通发展早期，3G 业务还是一片空白，合作伙伴更是无从找起。此时，高通自己承担了涵盖电信运营、基站、手机终端的 90% 以上的 3G 业务，几乎是集电信运营商、设备商、技术开发商、终端设备商于一身。当以 CDMA 为首的 3G 技术终于成为市场主流时，高通及时转换了盈利模式，卖掉了除核心芯片外的所有子业务，变成了收取知识产权转让费、靠标准盈利的高科技公司。合作方每销售一部手机，就要向高通缴纳一笔不菲的知识产权转让费，其中包括 CDMA 入门费和使用费，占产品售价的 6% 左右。高通能够靠专利标准赚钱，其基础正来自于其早期大包大揽的苦心经营。发现一个新的市场，先进入并培育市场，这个寂寞的过程可谓是无奈之举，也是主动之选。很多企业在产业导入早期做全产业链，到后期集中到研发、设计、标准，把制造、零部件生产外包等，都基于类似的逻辑：先走一步，积累起后来者难以企及的资源能力，并依靠这些资源能力转换盈利模式。对中国广大制造业企业而言，如何把制造业的先发优势所具有的独特资源能力转化为新盈利模式的关键资源能力基础，是一个值得思考和探讨的话题。

从本质上讲，不管是利益相关者，还是资源能力，都是可以切割的，如何通过切割后重组，形成可行的收入来源和成本支出，是盈利模式乃至商业模式能否成功、能否可持续发展的关键所在。

此外，关于盈利来源还有业务的区分，分为产品/服务和市场两个维度。而所谓的业务实际上可以分为产品、服务、整体解决方案和赚钱工具等，这部分笔者在定位的经济解释部分做更详细的阐述。

从资源能力和业务区分去分析收支来源，是在传统战略管理分析框架下作创新盈利模式的新应用。按照我们的定义，商业模式是利益相关者的交易结构，自然地，我们更倾向于把收支来源定义为来自哪些利益相关者，这个定义直接源于商业模式理论框架本身，将直达本质，更利于分析，也更容易找到创新的突破口，这正是本章的核心内容所在。

8.2　来自哪些利益相关者

企业的盈利等于收入减去成本，因此应首要分析企业的收入来自哪些利益相关者，成本又由哪些利益相关者支付。

不妨做一个分析矩阵（见图 8-1），矩阵的水平方向表示为企业贡献收入的利益相关者，垂直方向则为承担成本的利益相关者。水平方向和垂直方向一交叉，就得出一种盈利模式。

成本支付

	直接顾客	直接顾客和第三方顾客	第三方顾客
零可变成本	盈利模式9	盈利模式10	盈利模式11
第三方伙伴	盈利模式6	盈利模式7	盈利模式8
企业和第三方伙伴	盈利模式3	盈利模式4	盈利模式5
企业	盈利模式0	盈利模式1	盈利模式2

收入来源

图　8-1

"盈利模式0"（盈利模式为 Profit Model，下文我们用 PM0 代替"盈利模式0"，以此类推）：由企业支付成本并从直接顾客获取收入。这是最普遍的盈利模式，很多"产销一条龙"的传统制造型企业都是如此：支付购买原材料、生产制造和渠道销售的成本，通过直接销售给顾客得到收入，收入减成本，就是盈利。对企业而言，交易结构很简单，除了原材料，基本只涉及两个利益相关者：企业本身和直接顾客。

从 PM1 到 PM11，交易结构明显都比 PM0 复杂，一般至少要涉及三方利益相关者，而这里面，也存在很多盈利模式创新的空间。

PM1：企业投入成本生产产品/服务，从直接顾客和第三方顾客均获取收入（当然，价格一般不同）。比如，杂志向读者收取订阅费用，同时向在其上发布广告的商家收取广告费。在这个盈利模式中，广告商的目标受众是杂志的读者，因此是第三方顾客，而读者无疑是直接顾客。在 App Store 上有很多热门游戏采取这样的盈利模式：玩家下载游戏本身要花钱，同时游戏还嵌入广告，广告费是第三方顾客贡献的收入。

PM2：企业投入成本生产产品/服务，直接顾客免费消费，第三方支付费用。电视台、电台、免费赠阅的报刊都在此列。跟 PM1 相比，虽然 PM2

减少了直接顾客的收入贡献，但有可能通过免费扩大了直接顾客的规模，从而向第三方顾客收取更高的费用。PM1 和 PM2 的交易结构极为类似，在很多场合下可以转换，差别只在于是否对直接顾客收费。是否对某一种利益相关者收费，将是后文关注的一个话题。

　　……

　　PM5：企业和第三方企业承担生产成本，第三方顾客支付价格，直接顾客零价格。值得注意的是，在这里，第三方企业和第三方顾客可以是同一主体。例如，在 2005 年最疯狂的娱乐事件"超级女声"中，蒙牛提供赞助和宣传，天娱负责选手培训、赛事策划和商业包装，企业付广告费，移动与联通提供短信平台，观众免费观看并通过短信投票，湖南卫视提供频道并获取以上活动产生的收入（其中一部分要跟第三方企业分成，例如移动和联通的短信平台）。

　　PM6：企业零投入，第三方企业投入提供产品和服务的成本，直接顾客可以得到较低价格的产品/服务。例如，很多商业论坛中，主办方一般只起到召集参会人的作用，具体的会场运作、服务提供都由企业赞助，而参会人则可能分层，VIP 座位高价，一般座位免费或者低价出售。

　　……

　　PM11：企业零边际成本生产，第三方顾客支付价格，直接顾客零价格。PM9、PM10、PM11 分别脱胎于 PM0、PM1、PM2，关键只在于边际生产成本为零，因此大多数都来自实体经济的"互联网化"。例如，脱胎于 PM2 的 PM11 可见于游戏软件厂商在游戏里提供广告。跟在电视台、电台做广告相比，互联网使边际成本变成了零。

8.3　从 PM0 到 PM "X"：为利益相关者编织一张生态价值网络

　　除了 PM0，从 PM1 到 PM11 给我们一个共同的启示：企业的利益相关者之间是否存在互相吸引的交易可能，他们之间的交易是否因为焦点企业的存在而变得交易价值更高、交易成本更低或者交易风险更小？现有盈利模式的矛盾是否可以通过引进新的收支方而得到解决，更重要的是，能否让交易结构更为紧密？能否为企业的所有利益相关者编织一张生态价值网络，使它们各取所需、各得其所？不妨通过一个实例来感受通过收支来源设计盈利模式的精妙之处。

首先，请读者思考航空公司、客车司机、旅行社和卖车行的传统盈利模式。

旅行社：主要的成本来自对旅游服务的购买，由旅行社承担，主要的收入来自游客的团费和合作伙伴的一些扣点佣金。属于 PM1。如果只考虑到订票、订车接机等中介服务，旅行社属于 PM0。

航空公司：销售机票给乘客，自身运营服务消耗成本，获得中间差价。属于 PM0。

客车司机：为乘客提供服务并获得服务费。属于 PM0。

卖车行：主要成本来自向汽车厂商购买汽车，主要收入来自车的销售。属于 PM0。

现在的问题是：这四个 PM0 的企业如果通过一种盈利模式设计，能够实现 PM "X" 的创新盈利模式吗？

不妨从旅行社出发，以订车接机服务为例，看看如何通过收支来源设计新的盈利模式。

订车接机服务一般面向高端的商务旅行客户，除了旅行社，这里面还至少要涉及三个利益相关者：旅客、航空公司和客车司机。

在同样服务下，理性的旅客会追求更优惠的价格。要实现在不增加旅客成本的前提下保持服务质量，旅行社有两个选择：或者考虑让其他利益相关者承担部分成本，例如航空公司；或者形成规模化运营，例如变小轿车为面包车。

要让航空公司支付一部分成本，需要让航空公司有更大的盈利空间。例如，规定只有买到五折以上机票的旅客才能享受到优惠的订车接机服务。这不但扩大了航空公司的盈利空间，使之有意愿为旅客承担部分或全部乘车成本，而且意味着旅客客户的质量提升了——因为只有经常商务旅行的客户才没有时间提前订票，买不到优惠的飞机票。这为盈利模式设计留下了空间：是否可以对这些有消费能力的乘客做一些商业推广？

把小轿车变成面包车或者商务车之后，要解决两个资源问题：司机和客车。

为了降低成本，司机可以签约外包，不需要旅行社负担人员成本。这个需要设计能够让司机盈利的乘客规模。

客车购买的话，可以看量的大小。如果一次性购买上百辆客车，可以打折扣。

如果一个统一的车队达到了上百辆车的规模，也就有了类似于出租车、公交汽车的眼球效应，那么，不就可以做车身广告了吗？不妨打上旅行社、航空公司、卖车行等的服务热线，这就加强了相互之间的关系，稳定了交易结构。这样的话，各方的盈利模式将发生翻天覆地的改变。真的存在这种盈利模式吗？一起去看看成都那边发生的事情吧！

如果你乘坐四川航空的飞机出差、旅游到成都，飞机降落之前就会有广播通知："各位乘客请注意，如果你购买的是四川航空五折以上的机票，降落后我们会有专车免费送您到市中心任何指定去的地方。"同样，如果你买四川航空五折以上的机票，也可以免费从市中心乘车到机场。与此相对比的是，如果打出租车，从市中心到机场，一般需要 150 元。如果有机会坐过这种车，就可以发现车身上有三个不可或缺的信息：订车热线电话、售票热线电话、指示牌"免费接送"。

实际上，这些车并不是四川航空的，而是旅行社的；开车的司机也不是旅行社的人，而是独立的经营者。更有趣的是，卖车行本来价值 14.8 万元的车，旅行社只用了 9 万元就买了下来，却转手以 17.8 万元的价格卖给了开车的司机。为什么卖车行愿意折价出售汽车？司机为什么愿意高价购买？这里面的玄机就在于旅行社为所有的利益相关者编织了一张彼此依存、彼此增值的生态价值网络。图 8-2 有助于我们理解整个盈利模式。

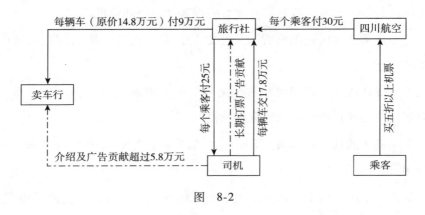

图　8-2

这里面的价值循环有两个：乘客乘车、搭载的循环，车辆销售、购买的循环。

先看乘客乘车、搭载的循环。乘客免费坐车，对每一个乘客，四川航空付给旅行社 30 元，旅行社则付给司机 25 元，司机每一趟坐满 7 人，一趟收入就是 175 元。

这是一个多方共赢的价值循环。

乘客节省了 150 元的出租车车费，并获得了车辆接送的服务便利。需要说明的是，绝大部分五折以上机票的乘客都是由于日程安排而被动接受的，这些乘客一般是乘坐飞机出行频率较高的中高端商务客户。这些乘客的利润空间更大，是四川航空希望长期抓住的优质客户。

航空公司付给旅行社 30 元，但从五折以上机票上赚取的金额更多，并不亏本，何况还建立了优质服务的品牌效应。

旅行社从航空公司拿到 30 元，付给司机 25 元，每位乘客净赚 5 元。

司机一趟车满座 7 人，每人 25 元，一共 175 元，比出租车 150 元好赚，而且生意稳定。

再看车辆销售、购买的循环。原价 14.8 万元的汽车，卖车行以 9 万元卖给旅行社，旅行社转手以 17.8 万元卖给司机，司机获得这条线路的 5 年经营权。

这同样是一个多方共赢的价值循环。

首先，卖车行并不亏。需要解释的是，乘客一上车，司机就会把卖车行提供的广告资料发给乘客，同时会主动介绍这款车很好。前面说了，会选择五折以上机票的一般是中高端商务客户，正好是卖车行的目标客户。那么这部分对卖车行的宣传、广告贡献是必须考虑在内的。旅行社向卖车行每年收取 1 万元的宣传费，5 年就是 5 万元。司机每天从机场到市中心往返 4 个来回，一年 365 天，一年就要介绍将近 3000 次，平均下来一趟才不过 3 块钱，这并不贵。此外，车身上还有售车热线电话也是广告，一个月收 100 元，五年就是 6000 元。这两部分的报价都是按照保守估计计算的，加在一起就是 5.6 万元。原价 14.8 万元的汽车折价 5.8 万元（5.6 万元加上一定的批发折扣）为 9 万元就是这么来的。事实上，司机介绍和车身广告的贡献要远超过 5.8 万元。

其次，司机也有好处。花 17.8 万元买到了一辆车和五年的线路运营权，跟购买出租车牌照（现在很多城市的出租车拍照动辄几十万元）相比合算多了。为什么司机不会直接用 14.8 万元跟卖车行买车？原因很简单，这样司机就得不到运营这条线路的权利。对利益相关者而言，更重要的是为其创造更高的交易价值，即便这意味着该利益相关者需要付出略高一点的交易成本。只要交易价值高于交易成本，且交易风险又可控，就有达成交易的吸引力。

最后，旅行社的利益是最大的。每辆车以 9 万元买进，17.8 万元卖出，净赚 8.8 万元。旅行社一共有 120 辆车，光这一项利润就超过 1000 万元。这还是其次的，车身的售飞机票热线是低成本广告，为旅行社带来的收益更为可观。有数据表明，2008 年汶川地震期间，某家旅行社平均每天卖 5000 ~ 10 000 张机票。

如果按照前面那个收支来源矩阵来看，这个盈利模式网络中的大部分利益相关者采取的都不是传统的 PM0（除了四川航空），也就是收入来自直接顾客，成本由企业承担。

四川航空（仅指五折以上机票相比优惠机票的增值部分）的收入来自乘客，成本由企业承担（给旅行社的 30 元）属于 PM0。

司机的收入来自第三方顾客（旅行社），成本由自己承担（包括车辆运营、为卖车行发放资料、车身广告），属于 PM2。

卖车行的收入来自直接顾客（直接买车的旅行社）和第三方顾客（司机的介绍和广告可以看成隐性收入），成本由企业承担（即车辆的设计、制造成本，这部分不是本盈利模式网络关心的问题，在这里直接假设为完全由企业承担），属于 PM1。

旅行社的收入来自第三方顾客（航空公司和司机），成本则由企业（部分车款）和第三方伙伴（卖车行承担部分车款）共同承担，属于 PM5。

这个盈利模式离开了哪一方都不行，是一个相互依赖的生态价值网络，其逻辑则在于把乘客机票利润空间的"长尾"小盈余用车辆集合成了高频率的、可持续的接送车辆和车流，而车辆和车流到了一定规模，就可在此之上实现规模采购和广告价值。这里面，旅行社是设计盈利模式的龙头；航空公司及其乘客是源泉，是基础，这部分保证不亏本即可；车辆和司机是把"长尾"汇集起来的手段。卖车行这个利益相关者的引入则更大程度地节约了成本，把原来属于成本支出的车辆和司机都变成了创收的来源，这就提升了利润空间，改进了现金流结构（否则，光买车这一项，旅行社的现金压力就很大）。每个利益相关者的引入，都为生态价值网络的进一步繁荣贡献了力量。

8.4　成本和收入的灵活转换

在传统的思维中，谁为你创造了价值，你就应该为谁付钱；你为谁创造了价值，你就该找谁收钱，这似乎是不假思索、天经地义的。但是，创新从来就不建立在不假思索、天经地义之上！

在 QQ 上，几亿多的用户每天都在享受即时通信软件带来的现代无缝隙通信体验，他们享受着 QQ 带给他们的价值，却不用付出一分钱。

冯小刚的电影占用了慕田峪长城的场地，喝了剑南春白酒，本该向商家付费，事实上，冯小刚团队从这些商家身上赚取的利润正是制作费的主要来源。据华谊兄弟的股东之一江南春介绍："我们在拍之前，把所有的广告先搜集好，广告费就是制作费，有多少广告拍多少电影，这样的话我们永远不会亏钱。这次我们就是按照这个逻辑做的，做了 14 个植入式广告，搭了 10 条贴片广告，总共收入 5000 多万元。这些钱正是《非诚勿扰》全部的制作费，所以我们 3 亿票房基本上都是纯赚的。"

事实上，收入和成本并不是绝对的，收入可以变成本，成本也可以变收入，关键在于，与不参与交易相比，付出资金的一方是否可以获得更高的交易价值，而达成交易的成本又足够低。例如，前文中所举的四川航空的例子中，旅行社为什么能够把原来是成本支出的车辆和司机都变成收入来源？原因在于，跟额外的 3 万元购车费用相比，运营线路的收入是有吸引力的，因此司机愿意接受旅行社的条件。而当旅行社可以把车队做到 100 多辆车的规模，每天又有一定的运营频率的时候，车身广告和司机介绍就能够为卖车行创造更高的交易价值，与此相比，车费折价就显得损失没那么大了。

当考察具体某个利益相关者时，应该关注以下三点。

第一，这个利益相关者能否带来其他高价值利益相关者？如果可以，则这个利益相关者可能非但不能收费，还要给予补偿。例如，在论坛中，很多企业之所以愿意成为赞助商，是因为这些论坛本身具备一定的影响力，一方面可以带来大众的关注，另一方面可能参加论坛的人群中本身就有企业的目标客户。如果考虑到企业赞助的高价值，那么在遴选听众（目标客户）和报道媒体（眼球关注度）时就要做足工夫。有些论坛的参与者是需要邀请才能到会的，有些论坛虽然实质上免费，但是会给席位标出很高的价格，这都是为了吸引到高质量的听众。当然，有的时候为了锁定该类利益相关者中的某一群体，会适当采取收费的方式。例如，同样是电视台，只要缴纳了有线电视费，绝大部分的频道是免费接收的，这是为了扩展面；而有些电视台则需要缴纳额外的费用，成为付费频道，从而锁定高端客户，比如高尔夫·网球频道。当不同企业在投放广告时，有些会选择免费频道，有些会选择付费频道。电视台的收费标准也会不同。

第二，与原来相比，跟我们交易这个利益相关者需要付出多少额外的成本（包括货币成本和交易成本）？如果利益相关者需要付出的额外成本越多，则意味着交易越难达成，或者需要给他的补偿越多。张艺谋的印象系列山水舞台演出近年来获得了巨大的成功，这固然与张艺谋团队的高超水平有关，但更重要的原因却是张艺谋对旅游点原有资源的再次价值发现。以《印象·刘三姐》为例，场景都是现成的，就是漓江原本的山山水水，大自然就是大舞台；演员也是现成的，当地农民、渔民等白天做自己的事，晚上划船来演出，来去方便，能保证天天演，能吃苦，珍视当"演员"的荣誉感，对收入要求也不高，而且是最纯粹的原生态地方风情；观众也是现成的，游客天天有，以前晚上就没地方去，现在可以观看演出，每天来的游客都不同，重复演出也不用担心审美疲劳。2009 年，《印象·刘三姐》演出收入超过 2.6 亿元，由此拉动的酒店住宿、餐饮、休闲娱乐等其他旅游产业收入更是不可估量。之后，张艺谋和北京印象创新艺术有限公司继续开发《印象·丽江》《印象·西湖》《印象·海南岛》《印象·大红袍》《印象·普陀》等多个山水舞台演出，均反响热烈，取得不菲的经济效益。2010 年 12 月 17 日，由虞锋、史玉柱、刘永好等 17 位商界大佬联合创立的云锋基金，宣布向北京印象创新艺术发展有限公司投资 5000 万美元，《印象》系列获得了资本的认可和支持。在《印象》系列的商业模式中，很多关键的利益相关者参与进来的额外成本都很低，但是编织成一个生态价值网络的交易价值就很大，这才是"老谋子"的高明之处。

　　第三，我们是否有还没利用的价值可以跟这个利益相关者交易，换言之，我们能否以较低的交易成本换取这个利益相关者的交易价值？《学徒》是美国史上收视率最高的真人秀节目之一，据公开数据，《学徒》第一季大结局曾吸引超过 4000 万人同时观看，整个第一季创造了平均 20.7% 的收视率，成为同时段收视冠军。不妨比较一下，在"超级女声"最火的 2005年，决赛平均收视率也不过为 11%。《学徒》最大的成功就是嵌入式广告。每一期，特朗普都会为参赛者设置一个面试任务，例如为李维斯（Levi's）设计平面广告，为柯达打印机设计海报，等等。企业的产品宣传在真人秀推进过程中得到了很好的展示，而节目制作方则不但省去了场地费和道具费，还获得了数百万美元的广告费。当然，演员也不需费用，参赛者就是最好的演员，还为了得到最后的冠军而不懈地努力表现。因此，《学徒》的每集成本不到 200 万美元，却平均每集能净赚 360 万美元的插播广告费、几百万美元的嵌入式广告，此外还有给特朗普集团品牌增值所带来的衍生授权收入：特朗普玩偶、特朗普 T 恤衫和《学徒》游戏，成为最赚钱的真人秀节目。《学徒》拿收视率的广告效应跟商家提供的场地费和道具费交换，拿成名、商业机会跟商业精英提供的演出费交换，获得了较大的交易价值，而本身需要付出的交易成本却不高，特朗普和《学徒》的成功并非幸致。

如果能够全面分析与各个利益相关者与企业的交易价值和交易成本，分析各个利益相关者之间的交易价值和交易成本，收入来源和成本支出之间很多时候就可以得心应手地自由转换。

第9章

关键资源能力与企业价值创造

—

笔者有一位学生是做经济型酒店的，曾经应邀去诊断一家亏损的经济型酒店。那家酒店的 CEO 是一位空降的原五星级酒店经理。那家酒店有 120 多间客房，服务人员就有 80 多个，那位空降的 CEO 向笔者学生抱怨："即使有这么多人，还是满足不了我的要求！他们做事情的水平太差，都无法按照我规定的要求执行！"回来后，笔者学生感叹："其实这家酒店要走出困境很简单，只要把那位 CEO 开除了，让我过去，人员可以削减为 20 多个，立马就可盈利。"

理由很简单：五星级酒店跟经济型酒店需要的关键资源能力不一样，按照五星级酒店的要求运营经济型酒店，不但名不副实、不伦不类，而且成本难以控制，扩张无法提速，企业价值也就一直徘徊在低位。

企业家对关键资源能力的认识要解决三个问题：第一，什么资源能力才是关键的？第二，如何获得关键资源能力？第三，关键资源能力如何造就高企业价值？

9.1 什么资源能力才是关键的

资源能力是否关键，根源在于商业模式选择。商业模式不同，对资源能力的要求也不同，而其中最不可或缺的，可以支撑整个商业模式生存、发展和壮大的静态资源和动态能力，我们称之为关键资源能力。

跟经典战略理论中的核心能力、关键成功要素等概念强调企业自身所处的行业或者跟对手相比较的竞争优势不同，我们强调，资源能力是否重要、是否不可或缺，完全取决于企业所选择的商业模式。这是因为，从本质上讲，是商业模式的选择才确定了企业的行业，才决定了企业的竞争对手，而不是相反。商业模式，才是决定具体资源能力重要性的根本原因。

例如，同样是做餐饮，点餐的豪华餐馆需要上档次的装潢、好厨师、创新附加值高的菜品和周到细致的高级服务，连锁火锅店则要控制好仓储和冷库的管理，对原材料采购、分发、配送等供应链要求甚高。即使同样是送餐服务，模式不同，其关键资源能力同样迥异。像一般的社区餐馆提供的送餐服务（俗称"送外卖"），要求的是方便、快捷、实惠。而服务于大型企业的团餐服务，除服务周到以外，更重要的是探索如何提高做几千人饭菜的效率，这种规模化、集中化的能力是团餐企业必备的关键资源能力。

经典资源能力学派把资源能力定义为四个特征值（VRIO）：价值（value）、稀缺性（rarity）、难以模仿性（inimitability）和组织（organization）。具体地说，企业要自问以下四个问题：

- 价值问题：企业的资源和能力能使企业对环境威胁和机会做出反应吗？
- 稀缺性问题：有多少竞争企业已拥有某种有价值的资源和能力？

- 难以模仿性问题：不具备这种资源和能力的企业在取得它时面对与已经拥有它的企业相比较处于成本劣势吗？
- 组织问题：一个企业的组织能充分利用资源和能力的竞争潜力吗？

资源能力学派认为，价值、稀缺性、难以模仿性和组织可纳入一个单一的框架（VRIO）以了解与企业资源和能力相关的收益潜力。仔细分析可知，VRIO 中任何一个指标都脱胎于与竞争对手相比，并着眼于获得与保持竞争优势。而在经典战略理论中，所谓竞争对手，都是基于同一行业的判断。

然而，同一行业的两家企业并不意味着一定是生死相搏的竞争对手。首先，占据不同产业价值链环节的两家企业更有可能是合作伙伴而非竞争对手。例如，微软做操作系统，英特尔做中央处理器，戴尔做 PC 组装，它们虽然同处于个人计算机行业，但由于从事不同环节的专业化分工，并不存在直接竞争关系。其次，更重要的是，即使处于同个行业的同个环节，如果这两家企业的商业模式不同，它们之间的竞争也会很少、很弱。上文提到的送外卖和团餐、五星级酒店和经济型酒店都很少存在直接竞争。之所以这两种情况都很少出现竞争，是因为它们对资源能力的要求不一样，不存在资源能力的争夺。不存在争夺，就无所谓稀缺性；既然需要的关键资源能力不一样，就不需要相互模仿，也就不存在难以模仿性了，这才能让整个商业生态呈现欣欣向荣、百花齐放的蓬勃生机。

事实上，很多行业竞争到最后都集体亏损，跟商业模式的相互模仿导致对关键资源能力过度争夺有关。施乐复印机在早期，一反传统复印机"剃须刀—刀片"模式（复印机低溢价销售，主要靠耗材盈利），而采取了设备融资租赁模式，一举打开市场，从一家默默无闻的小企业迅速成长为"世界 500 强"。其关键资源能力在于对大客户服务能力和金融资源。佳能复印机能打败施乐，关键则在于对后者商业模式的"否定之否定"。在定位中小企业和家庭、开发小型复印机的同时，佳能重启"剃须刀—刀片"模式，并联合其他中小复印机企业以抗衡施乐，攻占了80%以上的中低端市场，其关键资源能力在于简便设备的设计能力、简单服务能力和维持战略联盟的能力。由于两家的关键资源能力不同，竞争并不激烈，一开始还都能获得较好盈利。而到了后来，施乐向佳能的市场渗透，佳能向施乐的市场渗透，两家企业的模式趋同，对资源能力的争夺走向白热化，也同时走向亏损。

因此，企业家需要注意：虽然在你所在的行业中，资源和能力的总分布是既定的，但是，只要商业模式不同，不同资源能力的地位就不同。某些商业模式更需要资源能力甲，某些商业模式更需要资源能力乙。与其去争夺或者学习、模仿为数不多的资源能力甲（所谓的稀缺资源和难以模仿），不如从头创新商业模式，把竞争对手在资源能力甲的优势消于无形，竞争地位也将在顷刻中得到提升。

同样，学习优秀商业模式，也不应是重其形而轻其神，徒有皮毛。中国企业家爱学习，设立世界一流企业标杆、赶超行业领军企业也成了很多企业家和企业的愿景。然而，不了解标杆企业商业模式背后驱动的关键资源能力，就有陷入迷魂阵而不自知的危险。

例如，戴尔的直销和个性化定制模式闻名遐迩，然而，支撑其整个商业模式背后的关键资源能力却鲜为人知。戴尔直销模式能够运转，至少有三大资源能力是不可或缺的。

（1）大客户的筛选和获取能力。很多人以为戴尔的主要客户是个人和家庭，而事实上，据有关数据表明，家庭用户占戴尔销售额的不到5%，剩下的95%里面，70%是大型企业，25%是中小企业。戴尔通过呼叫中心的内部销售人员接触和挖掘客户，通过高效的客户甄别分类体系识别出高价值客户，由外部销售人员跟进，为客户提供性价比高的产品和个性化的服务。戴尔为每一个重要客户建立了一套跟踪分析体系，能够及时预测客户的系统升级等需求。为了提升大客户筛选和获取能力，戴尔对销售人员的要求极为严格：外部销售人员多为从著名 IT 厂商挖来的具有丰富销售经验的行业精英，每个外部销售人员的季度任务为 100 万美元，若连续两个季度没有完成任务就要走人；内部销售人员每天要完成 100 ~ 200 个电话沟通；10 个内部销售人员组成的团队一个季度的任务是 2000 万 ~ 3000 万元，平均每人每天要完成 2 万 ~ 3 万元的销售额。通过这样的锤炼，戴尔销售人员的平均劳动生产率超过了 2000 万元/人/年。

（2）以客户订单为核心、以戴尔为领导的供应商资源。戴尔只与少数供应商合作，最大的 40 家供应商为其提供了约相当于总成本 75% 的物料；再加上另外 20 家供应商，60 家供应商可以满足 95% 的物料需求。这一方面简化了管理，另一方面提升了戴尔与供应商的谈判地位。戴尔习惯采纳符合工业标准的东西，尽快把技术层面商业化，并通过供应链革命为客户提供较低的价格。

（3）高效的生产和供应链管理能力。戴尔通过电话、网络等接受订货，用管理系统核算，确认手头库存，然后按照数量要求向零部件厂商订货，必要的部件就被运到生产据点，每两小时进行一次这样的过程，工厂内的部件大体上每两小时就会追加一次。各工厂平均库存维持在 4 天左右，有的工厂甚至只有 2 小时的库存，而其他对手的库存甚至有多达 45 天的。戴尔的成品物流进行外包，95% 的产品可以在 7 天内送达客户。

通过以上三种关键资源能力的配合，戴尔在中国的运营成本可以低到 9%。不妨做个比较，通常外国公司在中国的运营成本是本土公司的两倍，本土 PC 企业的运营成本平均占总成本的 8.5%，而外国公司则在 20% ~ 22%。戴尔敢于声称"本土价格、国际品牌"，确有其底气所在。

由于大客户的一次需求量和持续需求量大，通过大客户筛选和获取就可以汇集大量的订单。即使每个客户都是个性化，合并订单也能做到规模化采购和规模化生产。规模化采购为提升戴尔在供应商面前的谈判力、建立以戴尔为主的供应商服务体系提供了基础；规模化生产则为采取高效的库存管理、自动化流水线组装等提供了条件。规模化采购和规模化生产为降低客户的购买成本、提升客户服务水平提供了实现的价值空间，反过来提升了对大客户的吸引力。这三项关键资源能力互为因果、环环相扣，并共同支撑起整个戴尔的直销模式。如果不理解这一点，戴尔的直销模式就只能停留在概念上。不理解商业模式的精髓，不了解背后的关键资源能力，而只单纯追求库存、生产周期等指标跟戴尔一样，机械地套用财务数据进行所谓的标杆管理，将极其危险！

9.2 如何获得关键资源能力

不同企业对关键资源能力的获取方式也不同，可以分为主要向外部获取和主要由内部积累两种。据笔者观察，这种获取方式的差异跟企业自身的战略驱动力有很大关系。

战略驱动力有三种：资源能力导向型、环境机会适应型和目标理念驱动型。

资源能力导向型指的是量体裁衣，企业有多大的资源能力，就干多大的事业，稳扎稳打，绝不超越企业的资源能力范围去制定难以实现的战略。按照不同的资源能力可分为产品驱动、技术驱动、生产能力驱动、自然资源驱动、配送方法驱动、组织能力驱动等。

环境机会适应型指的是因时而动，顺势而为，敢于抓住市场环境中每一个发展机会完成跨越式发展，强调的是对市场机会的快速把握和积极跟进。按照不同的环境机会可分为用户驱动、市场驱动、销售（营销）驱动等。

目标理念驱动型指的是，提出一个奋斗目标或者企业愿景，鼓动全体员工朝着目标奋斗。按照不同的目标理念可分为规模或增长驱动、回报或利润驱动、战略意图或理念驱动。

每个企业的主导战略驱动力往往只有一种。主导的战略驱动力不同，获取资源能力的主要方式也不同。一般而言，资源能力导向型企业倾向于由内部积累资源能力，环境机会适应型企业倾向于向外部获取资源能力，而目标理念驱动型企业则是混合型，内部积累和外部获取并举。

吉利集团就是一个典型的环境机会适应型企业。这从其创始人李书福的个人奋斗史就可以看出来。

1982 年，不到 20 岁的李书福拿着向父亲要来的 120 元钱买了照相机到街上为路人拍照赚钱。半年后发现照相这一行很挣钱，他就自己租了个店面，开起了照相馆。

1984 年，看到冰箱零部件销路很好，李书福跟别人合伙创办了黄岩县石曲冰箱配件厂，自任厂长。翌年生产电冰箱。1989 年，年产值超过1000万元。

1993 年，摩托车风行沿海地区。在深圳大学进修的李书福找到一家濒临倒闭的国有摩托车厂，花钱"买"了一张摩托车生产许可证，造出了中国第一辆踏板摩托车。

1997 年，亚洲金融危机后，国家启动拉动内需战略，汽车与房地产成为新消费热点。没有汽车生产许可证的李书福，得知四川德阳的一个汽车厂有生产经营权后，立刻与其合资成立四川吉利波音汽车有限公司，这就是吉利汽车制造有限公司的前身。

2001 年 11 月，吉利成为中国首家获得轿车生产资格的民营企业。

……

而吉利收购沃尔沃过程中的资源整合痕迹也显而易见。吉利为并购案做的事情总结起来是三件。

第一，团队。以李书福为首，包括顾问公司的团队，吉利为并购案组织了 200 多人的全职运作团队，骨干人员中不乏业界巨擘：原华泰汽车总裁，曾主持过 JEEP 大切诺基、三菱欧兰德、帕杰罗、奔驰 E 级和 C 级豪华轿车等七款车型的引进和国产化工作的童志远，原"世界 500 强"三甲之一英国 BP 的财务与内控高级顾问张芃，原菲亚特集团动力科技中国区总裁沈晖，国际并购专家、长期在英国 BP 伦敦总部负责重大并购项目的袁小林。

第二，并购经验。在沃尔沃之前，吉利已经成功操作了两起跨国并购案：2006 年 10 月控股英国锰铜，2009 年 3 月全资收购全球第二大的澳大利亚自动变速器公司。这两起并购案里面不乏供应商体系、技术知识产权的谈判和对吉利在资本运作、文化冲突方面的考量，为吉利提供了宝贵的并购经验。尤其是资本运作手法堪称经典，"这两个项目并购都是直接用海外资金，用并购的资产做抵押向海外银行贷款，或者在海外资本市场发债、发股"（李书福语）。这次和福特的博弈中，吉利获得了沃尔沃 9 个系列产品，3 个最新车型平台，2000 多个全球网络、人才和品牌，以及重要的供应商体系，斩获颇丰，而付出的代价却不大，之前的国际并购经验功不可没。

第三，政府的支持。为这次并购案建立的北京吉利万源国际投资有限公司注册资本为 81 亿元中，吉利、大庆国资、上海嘉尔沃，出资额分别为 41 亿元、30 亿元、10 亿元，股权比例分别为 51%、37% 和 12%，政府背景的资金支持达到一半，再加上政府的高调支持论调和国内诸银行的贷款安排，并购案获得了政府的巨大支持。值得注意的是，沃尔沃低调奢华的品牌形象很适合公务用车，而这是一个不小的市场。

对吉利来说，这三件事背后的资源能力几乎没有多少是通过内部积累获得的。作为一个环境机会适应型的企业，吉利选择了最恰当的资源能力获取方式——寻求外部资源整合，这也是最适合吉利的资源能力获取方式，也是它多年来赖以成功的、最熟悉最习惯的资源能力获取方式。

9.3　资源能力优势如何转化成竞争优势

一个企业的资源能力优势要转化成竞争优势，需要契合商业模式，换言之，必须是企业的关键资源能力。为此，我们提出一个"有效优势"的概念。

"有效优势"指的是这样一类资源能力：其水平超过市场平均水准，同时与企业的商业模式即交易结构的契合度很高（见图 9-1）。

		资源能力水平	
		强	弱
与商业模式（交易结构）契合度	高	有效优势	关键劣势（不足资源能力）
	低	无效优势（过剩资源能力）	无关资源

图 9-1　资源能力水平

在这个框架中，存在"优势""劣势"转换、"富余（过剩）""稀缺（不足）"转换的辩证法。

第一，是否具备优势，要看具体的交易结构而定。

在某种程度上，除了"有效优势"，剩下的三类资源能力由于都要耗散成本而不能创造价值，所以都是"劣势"。

例如，施乐研发中心的研发能力超强，但由于不能把技术创新转化为商业模式创新，任由技术的价值耗散，投入了大量的研发成本，没有一个好的交易结构来获取收入，这种优势是"无效优势"，最终反而会成为企业的负担，变成劣势。

反之，宝洁的内部产品研发创新能力未必最强，但是通过"创意超市"，践行"开放式创新"，使内部、外部创新很好地结合起来，加快了从创意到市场的进程，获得了巨大的成功。本来"研发创新"属于宝洁的

（相对的）关键劣势，但通过恰当的交易结构设计，变成了有效优势。

第二，资源能力的不足（关键劣势）和过剩（无效优势），要看具体的交易结构而定。

每一轮商业模式的变革，都意味着资源能力的重新配置。从制造转型服务，原有的产能可能会从不足（专注制造时，产能一直不够，需要扩张）转化为过剩（着重服务时，产能变成了过剩），而原本的服务队伍可能就会从过剩（无效优势）变成不足（关键劣势）。

第三，资源能力的不足和过剩，要看具体的利益相关者而言。

同样一个资源能力，在企业 A 是过剩的，但是对企业 B 可能是不足的。这就存在交易的可能性——用劣势（对 A 而言，多余的资源能力会耗散成本，"无效优势"其实是劣势）交换劣势（对 B 而言，不足需要补强，是关键劣势）。

因此，通过商业模式创新，强化和保持有效优势，把关键劣势、无效优势、无关资源等通过重构交易结构、寻求交易或者转化变成有效优势，才是企业获得持续优势的有效途径。

9.4　关键资源能力如何造就高企业价值

在企业确定商业模式、明晰关键资源能力、了解如何去获取资源能力之后，还剩下最后一个问题：怎么利用关键资源能力和商业模式配合，创造高企业价值？

企业首先要认识到，不管是利益相关者，还是资源能力，都是可以打碎重组的。在打碎重组的过程中，可以通过提升交易价值、降低交易成本或者降低交易风险来创造高企业价值。

以连锁零售经营商业模式为例，表 9-1 中是一个比较齐全的关键资源能力要求。

表　9-1

与生产相关的资源	技术资源	与产品直接相关的技术
		生产工艺优化能力
		提高产能及质量的能力
		生产经营的管理能力
		信息收集与分析的能力
		专利资源
	实物资源	工厂设备资源
		土地房产资源
		仓储能力
	采购能力	议价能力
		稀缺资源
市场资源	渠道资源	营销网络
		谈判能力
		区位优势
		选址能力
	物流运输资源	覆盖范围
		物流服务能力
	关系资源	客户关系
		政府关系
		金融机构关系
		合作伙伴关系
	营销能力	制造广告效应的能力
		历史文化资源
		服务能力
	杠杆资源	特许经营
		加盟连锁
商誉资源	品牌资源	产品品牌
		服务品牌
		企业品牌
		品牌知名度
	文化资源	企业形象
		企业凝聚力

（续）

公司治理资源	管理资源	管理制度
		组织机构
		经营管理能力
	人力资源	内部人力资源
		外部可利用人力资源
		培训体系
	金融及财务资源	资金
		融资能力
		规模
		周转能力
	信息资源	获取企业外部信息的能力
		内部信息交换
		合作伙伴信息共享资源

　　要求一个企业拥有以上所有资源能力是不现实的。最合理的做法就是把这里面的资源能力要求进行拆分和组合，把一部分资源能力赋予某一利益相关者，把另一部分资源能力赋予第二个利益相关者等。

　　首先，可以引入新的利益相关者。

　　例如，在选址能力方面，如果焦点企业比较薄弱，就可引入了解各个城市物业分布的合作伙伴，如全国性运营的房地产中介。也可以寻找中介，如某连锁酒店集团就明确在官网上表示："充分发挥社会力量，多途径寻找项目资源，加快××酒店集团在全国各地区的发展。"其中，对直营物业租赁（含酒店租赁、承包经营）的中介，该酒店的奖励规定是："（1）介绍项目信息，并'协助'项目双方见面洽谈、签订初步合作意向书的，中介服务费为基数的10%；（2）介绍项目信息，并'协助'项目谈判、完成项目签约的，中介服务费为基数的50%。"（引号部分均引用自该酒店官网。）

　　其次，可以变换原有利益相关者、原有资源能力的用途。例如，人力资源方面，原来在大卖场里从事导购的员工就可以变成连锁店的店长，原来开便利店的个体户也可以变成加盟商。（7-11的业务转换计划正是如此，详见第 4 章"商业模式定位与战略定位"。)

最后，还可以把某几个资源能力打成包配置给某个利益相关者。例如，在 7-11 的连锁零售经营体系中，供应商提供的资源能力就比较多：提高产能及质量的能力、工厂设备资源、仓储能力、区位优势等。

如表 9-2 所示，最终的目标是把所有的关键资源能力格子都填满，填充同一纵列格子的资源能力可以划归到该列的利益相关者。能够满足填满所有关键资源能力的利益相关者集合可能有多个，取舍的指导原则是：在交易风险可控的情况下，最大化交易价值与交易成本的差值（即价值空间），实现企业价值最大化。

最终，任何资源能力都由某一部分利益相关者所提供，这就构成了一个完整的资源能力列表，设计好利益相关者的交易方式就形成了业务系统，设计好他们的利益分配则形成盈利模式……最终，形成一个完整的商业模式设计图。

表　9-2

关键资源能力/ 利益相关者	利益 相关者 1	利益 相关者 2	利益 相关者 3	利益 相关者 4	利益 相关者 5	利益 相关者 6	利益 相关者 7	…
关键资源能力 1				■				
关键资源能力 2			■					
关键资源能力 3	■						■	
关键资源能力 4							■	
关键资源能力 5					■			
关键资源能力 6		■						
关键资源能力 7								
关键资源能力 8				■				
关键资源能力 9								
关键资源能力 10		■						
关键资源能力 11						■		
关键资源能力 12								

（续）

关键资源能力/ 利益相关者	利益 相关者 1	利益 相关者 2	利益 相关者 3	利益 相关者 4	利益 相关者 5	利益 相关者 6	利益 相关者 7	...
关键资源能力 13				■				
关键资源能力 14	■							
关键资源能力 15					■			
关键资源能力 16			■					
关键资源能力 17								
关键资源能力 18								
关键资源能力 19							■	
关键资源能力 20		■		■				
...								

　　至此，关键资源能力的辨别、获取与创造企业价值的讨论才形成一个完整的过程。

第 10 章

现金流结构与内生金融

—

现金流结构是企业的现金流入和流出在时间序列上的表现形式。

不同的商业模式，现金流结构不同。可以是一次性投资、一次性收入；也可以是一次性投资、多次收入，例如银行为购房者做分期按揭；还可以多次投入、多年现金流入，如部分制造企业。

举个例子，公用事业、基础设施项目的现金流结构，往往就是初期大规模投入，后续小规模维护性投入，数十年比较稳定甚至递增的特许经营收入。

而大多数制造、施工企业的商业模式，通常是先生产后销售，赚取价差。现金流结构表现为"先垫资生产，后销售回款"，一次性投资和一次性收入。但是，若企业在产业链中缺乏谈判地位，往往采购必须当期支付现金，销售却形成应收账款，这就导致企业回款慢，现金流压力大。

下面来看，现金流结构设计对商业模式有何影响？

首先，与定位、业务系统、盈利模式、关键资源能力一样，现金流结构可以作为商业模式设计的起点。它也同样会受到交易价值、交易成本和交易风险的影响。

例如，一个处于起步阶段的企业，在没有外部资金支持的条件下，设计商业模式时就要考虑到现金流的内部平衡性和可持续性。因为如果企业回款不及时，就可能直接导致财务困境，甚至破产。这要求企业的定位、业务系统和盈利模式，都要适合回款较高的要求。因此，企业可能更偏向于采取经销、代理、特许（投入资金量相对较少）的模式，而不是直营模式（需要更多资金）。

相反，一个拥有充沛现金流的成功企业，在开拓新业务时，就不必太多考虑现金流的平衡问题。这时，现金流状况就会变成它设计商业模式、设置竞争门槛的利器。

其次，现金流结构可以检验企业定位、业务系统、关键资源能力以及盈利模式所能创造的投资价值状况。按照投资价值原理，企业的投资价值是其未来预期能够产生的、可信的自由现金流的折现值。从金融角度看，企业是创造现金流和实现投资价值的工具，每个企业都有其现金流结构、收益率及风险特征——金融特性。而定位、业务系统、关键资源能力及原理方式不同，预期现金流结构（流入和流出净额的分布状况）也不同。

根据企业的现金流结构，可以评估其投资价值。有价值的投资项目，必须获得正的净现值。如果净现值为负，则表明该商业模式不存在创建和投资的必要，发展过程中经营现金流不足以支出必要投资的问题，也难以通过吸引外部投资来弥补。如果净现值为正，则要考虑如何设计长期的现金流结构以使企业价值最大化。

最后，现金流结构可作为金融工具设计的依据。企业可以由此找到合适的融资工具，或银行，或证券，或固定收益等，从而使企业的价值创造进入一个有强大生命力、可持续发展的良性循环。

10.1 现金流结构功能一： 度量企业价值

首先，现金流结构设计要争取实现最大交易价值。

但选择什么样的现金流结构，取决于企业的资金实力。资金实力不同，能撬动的资源就不同，可供选择的现金流结构也不同。在不同的情况下，要想获得价值最大化的现金流结构，需要通过商业模式其他要素（定位、盈利模式、关键资源和能力、业务系统）的设计来配合。我们举例来看以下几类企业。

- 有的企业只能承受一年的亏损期，外部金融资源比较匮乏。这意味着企业在短中期就要有现金流入，同时要注意节约成本。这种现金流结构，要求在"盈利模式"的设计上需要采用资金回收期更短的方式，比如一次性卖断、即时消费。而在"定位"的设计上，可选取投入较少的合作渠道、经销商等。

- 有的企业有符合抵押要求的资产和较高的信用等级，有稳定回报的现金流结构。只要风险可控，企业就可以获得银行贷款，提高杠杆和投资回报率。例如，物流服务商 UPS 就利用自身的资产评级优势，获得低成本的资金，为客户提供供应链融资（或担保）。这种现金流结构的设计变革了 UPS 的"业务系统"，提升了它与中小企业客户的交易价值，最终也提高了 UPS 自身的企业价值。

- 有的企业虽然资金不足，但是成长空间大。如果团队能力强，业务系统高效，就容易得到风险投资者的青睐。企业也就可以承受早期投入、较长时间回报的现金流结构，分阶让投资者看到前景并获得投资。

风险投资者是世界上最慷慨的人，也是最苛刻的人。说他们最慷慨，是因为不少公司一直亏损，但他们仍不遗余力地支持。说他们最苛刻，是因为风险投资商门槛很高，只关注成长空间巨大行业中的领先企业。有些公司以往和现在都很赚钱，风险投资商未必愿意投资。

其实，风险投资家的标准自始至终都是一致的。有些企业如果在前期大量地投入，建立起巨大的客户群体以及门槛，后面就会持续地盈利。以早期大投入换取以后长期持续回报，这种现金流结构就是有价值的。如果没有前期的大量投入在短期建立起巨大门槛，企业就有可能被竞争对手追上，甚至被打败。

因此，在互联网和新媒体行业，有时能否得到风险投资的青睐将在很大程度上决定企业的存亡兴衰。如果企业一开始就具备雄厚资本，或者把目标定在吸引风险投资的话，就可以设计成早期大投入，后期能实现持续、多期丰厚回报的现金流结构。

例如，京东商城 2010 年营业额超过 100 亿元，但亏损巨大。其策略是建设仓储物流配送体系，提升客户体验，吸引注册用户。这一战略资金需求巨大。投资人看好其电子商务平台的成长价值，对它的估值达数十亿美元，第三轮投入 16 亿美元。

企业一旦通过早期投入建立了门槛（例如，京东的物流体系），后面的竞争者将很难模仿，而长期盈利模式设计及保障也会得到很好的解决。

因此，对风险投资家来说，这种先投入后上市变现回报的现金流结构，是交易价值最大化的途径。当然，如果某些商业模式即使先期投入大量资金也不能加速发展，发展前景不明朗，就很难吸引到风险投资。此时，企业也不应该追求早期大投入，后期持续、多期丰厚回报的现金流结构。

其次，现金流结构设计要降低交易成本。

由于现金流交易涉及其他利益相关者，因此考虑他们的资源能力，如风险承受能力、资金压力，就能降低和他们的交易成本。

例如，对企业客户来说，很多大型设备是一笔很大的资金投入。一次性销售，将会给企业客户带来很大的资金压力，也会缩小整个目标市场的容量。反之，采取分期付款或融资租赁等方式，既能让企业客户减少一次性购买带来的资金压力，也能让客户更好地评估各期的投入产出比，这就降低了讨价还价的成本。

当然，为了把一次性收入化为多期收入，还可以把卖产品变成卖服务。例如，GE 飞机发动机按运行时间计费，米其林轮胎按行驶公里数计费，这同样降低了交易中的谈判成本。

这里特别要注意的是，企业在设计现金流结构时，往往会将注意力放在追求交易价值的最大化，而容易忽视随之而增加的交易成本。

比如，有些企业家在计算一个复合业务时，计算到了多个业务合并出来的价值空间，认为市场庞大，值得投入。但事实上，某些子业务不存在规模优势，消费量大，成本增长将更大；或者达到规模经济所要求的消费量过大，根本无法达到。即使单个业务都有规模优势，也能达到需要的规模，但业务之间无法形成范围经济。

如果业务的整合不能降低成本，只是简单的业务堆砌，那么这种低效率、多元化的现金流结构最理想的情况也只是大规模投入、大规模收入，最终盈亏勉强平衡，这并不能得到资本市场的溢价认可。某国内大型多元化 IT 集团正是如此，业务很多、体系庞大，但总市值在很多时候还不如总资产规模大。这是因为它的多元化既没有创造独特的交易价值，也没降低交易成本，最终的结果就是获得一个"市场平均利润"。

关于这一点，我们再看汽车维修行业的一个案例。发达国家的经验表明，当汽车保有量达到一定规模后，汽车服务是汽车产业链上最大的利润奶酪，占整个汽车产业利润的 50%~60%。其中，汽车维修服务又是获利的主要部分。在国外，汽车服务市场一直以连锁经营为主，美国连锁 500 强中有 20 多家汽车维修连锁品牌。

在中国，截至 2010 年年底，民用汽车保有量已超过 9000 万辆，比 2009 年末增长近 20%。其中私人汽车保有量为 6000 多万辆。中国汽车后服务市场很大！面对这一巨大市场，希望做大做强的企业都知道要采用"连锁加盟模式"才能迅速扩张。

但汽车维修领域比较宽，如果定位不同，现金流结构差异会很大，这对扩张速度和经营结果的影响很大。

例如，你可以定位为一站式、全方位服务，维修保养、美容装饰和汽车用品销售等都做。这自然就要兴建大型的"汽车服务广场"，以降低车主的购买成本和交易成本，创造客户价值。

这在商业逻辑上没错。但"全方位服务"的定位服务内容多，需要的场地大，固定资产投资多，固定成本高，运营现金流出规模大，而且增加了管理的复杂性和组织成本。同时，对营业点选址的要求也很高，例如经济发达地区的中等规模以上城市。否则，容易出现某些服务的购买频率不高，单个服务不能形成规模经济；多个服务间又不存在交叉购买，不能形成范围经济，最终难以覆盖服务成本，净现金流也容易陷入枯竭的困境。

另一种选择，你也可以定位于投入和运营成本较低的细分市场。我们看到杭州的一家公司——小拇指。它 2004 年成立，创始人是汽车技术员出身，掌握了汽车玻璃及国际先进的汽车表面微创伤快速修复技术。

公司定位于"汽车表面微创伤修复"，包括车身表面微创伤修复、局部补漆、保险杠修复以及前挡风玻璃修复。对于这些业务，高端 4S 店不愿意做，路边店又缺乏技术和规范经营理念，维修质量不过关。

其单店投入规模小（在 50 万元左右），但客户消费频率高，收益比较稳定，可以形成规模经济。据统计，每辆轿车平均每年擦碰次数超过 3 次，汽车表面微创伤修复市场规模超过 500 亿元，年增长速度在 20% 以上。

这种定位降低了和各利益相关者的交易成本。公司现金流充裕，以"品牌加盟连锁模式"在全国 110 多个城市发展了 400 多家连锁店，平均日维修量 2000 多台，累计有近百万的修理车次，顾客满意率高达 97%。

最后，现金流结构设计最终要降低交易风险。

现金流结构的设计，要让企业能够度过最困难的阶段，抵挡恶劣环境的冲击。某些行业，如培训、通信运营商、移动互联网可以采取预付款、先充值的方式；假如企业需要高现金投入，则要踩好寻求风险投资的步点，留好过冬的钱；如果企业是持续现金投入、持续现金回报的，那就要管理好账期，在必要的时候要考虑是否引入供应链融资；假如企业需要一大笔现金投入，现金回报稳定，但期限很长（如 BT、BOT 项目等），就要考虑项目融资、上市、信托基金等。这些手段都可以对症下药，在适当的时候降低交易风险。

如果一家企业的加入能降低商业模式中其他多方利益相关者的交易风险，改善其他利益相关者的现金流结构，那么这家企业的加入将具有很大意义。比如上文提到的 UPS 要跟银行合作，那么降低银行的系统风险是很重要的。UPS 利用自己提供物流服务的优势，了解了中小企业客户的信用记录，掌控了客户的货物流。由于精通物流，在客户违约时能方便快捷地交易抵押物，这些措施降低了银行与中小企业的交易风险。这样一来，UPS 的加入才显得有意义。UPS 的供应链金融能改善中小企业现金流结构、降低银行风险，同时 UPS 自己也从中获得现金流的增值（通过银行赚取部分息差），并扩大了客户规模（中小企业与其关系更紧密，对其需求更大）。

有些业务需要投入巨大现金，而现金收益却高度不确定。有些业务在长期看存在正的现金流入，但波动率很大，遇到低谷时有可能吞噬掉其他业务的正现金流，这给企业带来了巨大的投资风险。类似于这两种情况的业务，都需要独立设计融资方案，与其他业务的现金流和风险隔离不应该留在内部融资结构中。例如，TCL 在收购汤姆逊后，大量投入现金流为其输血，但汤姆逊毫无起色，持续亏损，造成 2006 年 TCL 的 19 亿元巨亏，险些被勒令退市。后来 TCL 壮士断腕，逐步关停欧洲业务才开始有所好转。因此，最合理的多业务现金流结构应该是：业务平均具有正现金流，且低谷中现金缺口不是很大。

10.2   现金流结构功能二： 诊断交易结构的优劣

现金流结构可以用来诊断企业定位、业务系统、关键资源能力和收益来源是否妥当，是否有投资价值。

通过现金流期限结构，我们可以发现商业模式的问题。同时，根据企业现有商业模式和投资规划，我们可以预期未来的现金流状况。

表面上不可持续、长期衰减和枯竭的现金流结构，最终原因很可能是定位、业务系统、盈利模式等的问题。

我们从三个方面入手，分析商业模式内各个要素的设计与企业现金流结构的关系。

1. 定位与现金流结构的关系

企业的现金流结构首先受定位影响。从企业的定位，我们可初步判断其现金流状况及运营风险。不少企业陷入财务危机，往往是因为在初期定位时就埋下了隐患。

下面我们来看两家同样从事差旅服务但不同定位的企业，以此分析定位对现金流结构的影响。

畅翔网定位于企业客户差旅管理（B2B），实际上是机票和宾馆代理商。它宣称可以为企业提供三种价值：第一，节省现金流，畅翔网可以先垫付资金；第二，它的差旅管理系统，可以让企业了解差旅人员的详细支出，包括行程、住宿等情况及费用，可有效避免贪污现象；第三，将各个企业的差旅业务集中起来，进行集中采购，降低了价格。

据说，畅翔网 2007 年 7 月成立当月就实现盈利，10 月利润近 20 万元。娃哈哈、农夫山泉等近万家企业成为其客户，它被多家著名 VC 看好并投资。

但现金流结构的隐患也开始显现。企业客户不愿将自己的银行账户向畅翔网开放，酒店也要求现金结算。畅翔网只得为客户垫资，月底再结算。频频垫资导致应收账款不断增加，坏账风险骤然上升。到 2007 年年底，资金链接近断裂。

中国大多数企业客户的信用级别不高，垫资有很大的潜在风险。畅翔网希望把这一风险转嫁给银行。2008 年 3 月，它与某银行合作推出联名信用卡，由企业或个人按信用透支差旅费用，再与银行结算。但银行长期垫资不现实，除非它可从客户账款里提留一部分，这样将导致畅翔网的获利更低。

显然，在中国这种商业环境和利益结构下，畅翔网的定位使其现金流出随着规模的增加而增大。如果再缺乏外部融资支持，则容易陷入财务危机。事实上，也许这些表面看不见的缺陷，已导致风投停止投入。

再看北京宝库在线网络技术公司的定位。它同样服务于企业客户，却现金流充裕。它不参与任何旅行产品的销售，而是定位为 SAAS 模式（软件即服务模式）的商务旅行在线管理平台。

这是什么模式呢？宝库开发了一个差旅管理软件系统，由于它利用了云技术，企业无须购买软件或服务器，即可通过互联网登录该系统，进行差旅管理。

宝库的这个系统集成了多项功能。比如，系统不仅列出了全面的机票和酒店价格信息，还可以根据员工的出差频率形成预测报告。如果要确定开会时间和地点，报告可以显示在哪个季节或到哪个地区机票和酒店更便宜。如果出差的员工没有选择最低票价，系统会自动要求员工填写选择高价票的理由。企业还能了解到是否有同事选择了相同的酒店，以分享房间、节约费用。此外，出差人员的行程反映在系统上，管理者可查询员工的差旅位置，等等。

宝库创始人王雪松表示，企业通过这些服务，每年可以节约20%的差旅费用。而航空公司、酒店等差旅服务商使用宝库平台，则可简化管理程序，节约与企业客户沟通的成本，在月底还会收到自动生成的财务报表和差旅管理分析报告。

宝库的定位是一个中立平台，它并不参与旅行产品的销售。宝库的收入有两部分：一是差旅企业通过其网站来订购机票，每张收两元服务费；二是按业务量跟航空公司和酒店进行分成。

由于自身不需要垫资，还可以靠提供服务获得源源不断的现金流入，因此宝库现金流充裕。

宝库平台现有机票代理客户20多家、终端商务客户500多家，2010年交易额接近20亿元。

2. 业务系统与现金流结构的关系

一般企业，特别是制造企业，通常都会全面拥有研发、制造、营销、仓储物流等环节。随着企业规模扩大，资产负债随之膨胀。若企业在产业链上缺乏谈判地位，会出现资产很多、现金流很少的情况。这容易出现资金缺口，不断需要外部融资来支撑。一旦外部金融市场环境恶化，融资难，则容易陷入财务危机。

商业模式优秀的企业专注于核心能力和业务环节，善于和有能力利用产业链资源能力来改善现金流。我们对比一下苹果和双汇的业务系统对现金流的影响。

苹果公司专注于核心设计，创造独特的客户体验价值。它把制造外包给富士康和广达等，渠道采用授权专卖店和现有市场渠道相结合的方式。这两个环节基本不需要自己投资，还可以在渠道环节收取授权费。苹果优秀的业务系统设计让它一直保持零有息债务，现金流充裕。

国内的双汇集团因为业务系统的改造，而面临现金流结构变革的巨大压力。2011 年，国内规模最大的肉制品企业双汇下属的济源双汇食品有限公司收购"瘦肉精"猪肉被央视曝光，其声誉和品牌受到重创，损失惨重！产品纷纷下架，销售额下降，股票跌停，市值全天蒸发百亿元。

为了保障企业食品安全，从源头上把关产品质量。董事长万隆表示，双汇要加大养殖业的发展，往上游发展。双汇已经有自己的种猪、商品猪和养猪场，下一步要争取扩大 50 万头甚至上百万头的大型养猪场，跟着屠宰场走。

投资比较现代化的养猪场，差不多 10 万头猪要投 1 亿元。按此计算，双汇每年 3000 万头的屠宰量全部实现自己供给的话，大概需要 300 亿元左右的资金。而上游养猪环节的经济收益比较慢，而且比屠宰低得多。

显然，双汇在相对重资产的养殖环节投入过多，将显著增加现金需求，改变其原来的现金流结构。

有些原来重资产的企业，通过调整甚至重构业务系统，变现资产，使资产负债轻量化，最终改变现金流结构。例如，剥离外包一般制造，专注核心制造。

3. 盈利模式与现金流结构的关系

不同的盈利模式，会形成不同的现金流结构。

盛行的合同能源管理模式，即企业为用户免费提供设备和技术服务，按运营时间收费，或者从节省的费用中分成。此举可以扩大用户市场，但拉长了设备提供企业的回款期限，增加了企业的现金流压力。

例如，远大中央空调采取先垫资生产、后按照冷风的运行时间持续收取服务费的方式，反映在现金流结构上则是"短期较大投资，长期小规模收入"。

再来看手机市场上的两大巨头——苹果和诺基亚。

Asymco 报告显示：苹果公司 2011 年第二季度的全球手机市场份额，在 2010 年同期 2.6% 的基础上增加了一倍多，达到 5.6%，净利润却是同期市场利润总额的 66.3%。

为什么会这样？因为苹果把自己定位于智能手机，成为客户内容体验平台。因此，其构建了多样化的收益来源和方式，而不仅仅以销售手机获利。例如，对报纸电子书内容收取营业额 30% 的费用。苹果无债务融资，不增发股票，现金极为充裕。2011 年，苹果现金储备 670 多亿美元，超过美国财政部。

而主要依靠手机销售获利的诺基亚，虽然 2011 年仍保有 24.2% 的市场份额，但较之前一年同期的 33.8% 下降不少。诺基亚的净利润与其市场份额显著不匹配。

可以说，它们现金流结构上的差别与各自不同的盈利模式设计是分不开的。

反过来，新兴企业从外部获取现金流的能力，或大企业内部现金流的供应能力，会影响新业务的盈利模式设计。如果企业没有充裕的外援资金，就需要现金回收短平快的盈利模式；如果现金供应充裕，就可以牺牲短期利润，采取若干年不盈利的策略，成为一项竞争优势，打击现金流供应短缺、只能实施短平快盈利模式的竞争对手。

10.3　现金流结构功能三：金融工具的设计依据

从会计角度看，融资会被看成企业的负债。但从商业模式角度看，金融是企业商业模式的有机构成，应该把金融视为商业模式的内生因素。对于不少企业来说，只有考虑了金融，才能说形成了完整的商业模式。特别是投资大、收益回报期长的项目，如果没有构建长效的融资机制，扩张就难以持续。

企业在成长过程中，有相当长的时间，其经营现金流往往不足以支持投资，难以实现投资现金流平衡。这就需要进行融资，以弥补资金缺口。有以下四种情况。

（1）利润为负、经营现金流为负，企业为支持必要的投资必须融资。新兴并处于成长阶段的企业往往具有这一特征。成长空间大的企业可以采用 VC 融资。

（2）利润为正、经营现金流仍然为负，企业为支持必要投资，需要融资。不少制造企业处于这种状态。

（3）利润为正、经营现金流为正，企业为支持必要投资，仍然必须融资。不少制造企业、基础设施、公用事业企业处于这种状态。

（4）利润为正、经营现金流为正，且能满足必要投资需要，即自由现金流为正，不需要大规模融资。如果企业的商业模式是轻资产，竞争地位强大，则无须外部融资。例如苹果公司零有息负债，即没有贷款或债券，还有 761 亿美元现金，比美国财政部的现金还多。

金融工具是匹配现金流结构"收益率"和"风险"的手段。

在收益率和风险类型方面，有固定收益、剩余收益、分成收益三种。由此，企业融资形成了两条路线图、五大来源。

路线图一，是基于担保抵押的固定收益融资路线图。包括信贷、信托和租赁三个来源。

路线图二，是基于投资价值的融资路线图。包括证券市场公开融资、VC/PE 两个来源。

而融资工具的设计，则是通过对企业现金流进行分块（业务板块、业务环节），分层（分割为多笔现金流，对应不同收益率和信用等级的金融工具），分段（多轮接力融资），分散（吸引多个投资者），来匹配企业的现金流结构，满足投资者的期限收益要求。同时，通过引入不同利益相关者的交易结构设计，有效控制风险（其方式有防控、分散、降低、转移、锁定、补偿等，以满足投资者的收益率要求和风险偏好）。

理论上讲，如果金融市场完备有效，那么不管企业呈现什么样的现金流结构，只要具有投资价值，就可以设计相应的金融工具，匹配其现金流期限结构，从而引入外部融资获得现金流入，解决企业经营现金流不足以支持必要投资的资金缺口问题。

我们用几个案例，来详细说明如何根据企业不同的情况来设计不同的融资工具。

案例 1：京东商城

京东属于上述的第一种情景。京东为满足客户体验要求，扩大营业规模，大规模投资仓储和物流配送。

企业缺乏资产抵押，难以获得贷款，但几家风险投资者却愿意投入 16 亿美元，支持它投资仓储物流。它们对京东估值数十亿美元，是因为看好其电子商务平台的成长和增值空间及管理执行能力。因此不求近期分配现金红利，而寄望在它上市后获取巨大的资本增值。

案例 2：嘉德置地

这家新加坡企业被称为亚洲最大的商业地产公司，它在新兴市场大城市的黄金地段新建商业物业。

新建商业物业往往前几年内没有现金收益。嘉德置地将投资物业按发展阶段分为"培育期"和"成熟期"。培育期物业没有现金流入，而且风险比较高，但资本升值潜在回报空间也相对较大。在成熟期，物业有高端商户租赁，现金流入比较稳定，收益率稳定在 7%～10%，具有稳定的分红能力。

为此，嘉德置地采用了 PE＋REITs 的地产金融模式，也就是在"培育期"即商业物业建设期采用私募投资（PE／PF）方式融资，而在"成熟期"则采用 REITs 融资。

它从 1998 年开始参与发起第一只私募基金，2002 年发起设立了第一只 REITs。之后又在 2003～2004 年成立了三只私募基金和一只 REITs；2005～2006 年成立了五只私募基金和三只 REITs；2007～2008 年成立了九只私募基金，计划成立一只印度 REITs 和一只马来西亚 REITs。

嘉德置地计划未来几年内 REITs 总数再翻一倍，达到十只，并继续扩大私募基金平台。

案例 3：迪士尼乐园

在迪士尼乐园项目前 5 年的建设期，由于利息成本和资产折旧等原因，项目将产生高额税务亏损。巨大亏损无法在短期内由项目内部消化，难以吸引外部投资者。

我们来看看迪士尼的设计。

在迪士尼乐园投资结构中，由迪士尼公司与其他投资主体共同出资，组建了两个阶段公司：

（1）迪士尼开发公司（采用普通合伙制结构）。

（2）迪士尼经营公司（采用有限合伙制结构）。

迪士尼开发公司投入较少的资金，吸收外部投资者共同筹建迪士尼乐园。资本结构中的大部分，由外部投资者提供不可追索的借款，开发公司以资产第一抵押权、租赁合同和收取租金的受让权作为担保。

采用"普通合伙制结构"的巧妙之处是，由于每个投资者都要承担无限责任，因此能够直接分享其投资比例的"项目税务亏损"，并与其他来源的收入合并纳税。换句话说，就是投资于迪士尼项目的亏损，可以通过减少其他收入的税收而获得补偿。另外，公司又加入了一些降低风险的设计。比如贷款时，要求银行放弃对普通合伙人法律责任的追索权利。这些设计对投资者非常有吸引力。

开发公司拥有迪士尼乐园资产，并将其租赁给经营公司。10年期租赁协议终止时，经营公司以账面价值收购项目，开发公司则被解散。

这样，投资者既享受税收优惠的利益，同时出租迪士尼乐园的租赁收入在项目前期就能带来回报，又避免了投资回报时间过长的问题。

而在迪士尼经营公司，股本资金大部分由政府投资公司提供，小部分由迪士尼公司出资，但迪士尼公司却是经营公司中的唯一普通合伙人。因此，尽管迪士尼在经营公司只占少数股权，却能完全控制项目的管理权。

案例4： 阳光爱迪生：将电力购买协议出售给投资者

阳光爱迪生（SunEdison）创立于2003年，是美国最大的太阳能电力供应商。它在自己的网站上称，它的客户不用支付太阳能光伏基础设备的巨大安装成本，只需签订协议，持续10年以上购买这些电池板生产出的电力即可，而且所支付的电价等于或低于普通电能的电价。相较于价格不断上涨的普通电能，价格稳定的太阳能光伏电是一个不错的选择。而且从社会角度来说，客户选择太阳能可以响应美国国家能源独立的号召，减少对化石燃料的依赖，树立企业的绿色形象，这对一些客户就很有吸引力。

例如，为保证用户满意度，大型超市每天长时间开灯照明，24小时开启冷柜为产品保鲜，用电量大。同时超市拥有大片闲置房顶，是应用太阳能技术的绝佳对象，但先期的巨大投入，使它们对使用太阳能心生畏惧。

阳光爱迪生的创始人吉卡·沙阿（Jigar Shah）设计了一种商业模式，使太阳能系统更容易被客户接受。这种模式的核心就是提供一种新型的

"电力购买协议"。在普通的电力购买协议（Power Purchase Agreements, PPAs）中，卖方一般是电力生产商，有时也可能是一些中间商，买方则是需要用电的中型或大型企业。

电力购买协议是独立电力生产商最重要的资产。基于协议，电力生产商可开展项目融资、维修和监管电能产量，并以有保障的价格出售给交易对象。其最重要的意义在于，划清项目拥有的资产和生产的电力后，卖方可以通过协议发起无追索权的融资。

阳光爱迪生正是利用了这一点。

公司免费为客户安装和管理太阳能电池板，作为回报，客户以事先约定的价格，持续购买这些电池板生产出的电力 10 年以上。

阳光爱迪生自己不承担设施的投资和运营费用，也不拥有这些资产，而是通过金融合作伙伴募集项目资金，将"电力购买协议"打包出售给投资者。2010 年 5 月，阳光爱迪生与私募股权公司 FirstReserve 成立合资公司，先期融资 1.67 亿美元，预计最终能为阳光爱迪生带来超过 15 亿美元的融资。

通过这样的操作，太阳能设施的实际拥有者是投资者。根据《2008 年经济稳定紧急法案》和《2009 年美国复苏与再投资法案》，投资者可以获得退税和免税待遇。这是其他能源投资项目所没有的收益。

通过电力购买协议，阳光爱迪生实现了运营专业化、资产轻量化，可以专注于为客户提供长期稳定的电力输出。其他包括融资、设计、安装、管理和维修，都不需要客户付出。投资者则获得了额外的收入（退税），其中一部分将交给阳光爱迪生作为实际开发项目的费用。

阳光爱迪生除了出售光伏装备盈利，还有提供整合的太阳能服务盈利。这部分盈利会在"电力购买协议"中进行约定。

综合来看，阳光爱迪生为用电客户提供三种服务，分别是太阳能电力、产量保障和太阳能设施监管。

（1）"太阳能电力"是阳光爱迪生最完整的服务，分为三步。第一步是分析、设计和建设太阳能发电系统。通过实地考察评估客户的能源需求和太阳能发电潜力。比如房顶面积和采光率，据此设计、建设一个应用了最新技术和材料的光伏发电站，并统筹规划整体的后勤工作。第二步，阳光爱迪生负责完整的"使用可再生能源证明"申请，并运行测试以确定使用流程和节能率，之后即可开启系统并提供清洁的光伏电。第三步，监管和维修。阳光爱迪生运用最新科技持续关注和监视系统运转状况，并定期派遣专业技师将系统维持在最佳状态。

（2）"产量保障服务"是针对已有太阳能发电系统客户的服务。因为，未受到监管和维护的太阳能系统，不能实现最有效的财务和环保收益。研究表明，管理不力的太阳能发电系统的效率，比受到有效管理的系统平均要低13%。阳光爱迪生通过产品保障服务帮助客户提高发电率。这一系列服务包括系统健康度实地检查、系统清洁、电机年检、预防性维护和修理，还有在线终端服务。

（3）"太阳能设施监控服务"也是为已经拥有太阳能发电站的企业提供的。它包括安装阳光爱迪生的能源环境数据系统SEEDS，对产量数据进行持续监管、收集、分析，并提供本地救援服务和在线终端服务。

应用实例：

史泰博（Staples）公司是全球办公服务行业的领军者，在22个国家拥有超过1800家零售店。2005年开始与阳光爱迪生合作，将其旗下4个州内共33处设施全部光能化，至今已发电2.2万兆瓦时，减排2.8千万磅二氧化碳，相当于1168辆汽车的碳排量之和。

史泰博公司负责环境事务的副总裁马克·巴克利说："通过与阳光爱迪生的合作，我们有能力以与电网相同或更低的价格从自己的屋顶系统获得电力。这就降低了公司的运营费用，同时还减少了在用电高峰期对电力的需求，从而使当地居民和其他企业能够获得足够的电力。"

附录 10A

金融工具的经济解释

金融工具种类繁多，按照是否要经过金融中介机构分为直接融资工具和间接融资工具，按照交易的主要市场分为证券市场融资、银行融资、银行间债券市场融资等。我们的分类则从投资者获得的收益种类出发，分为固定收益回报、剩余收益回报和分成收益回报等三类。关于固定、剩余、分成的概念在盈利模式的有关章节已有描述，这里不再赘述。

第一类：固定收益回报

以银行贷款为例，投资者获得约定利率的利息收入，可归为此类。

固定收益回报的金融工具一般涉及三类利益相关者：资金需求方、金融中介机构、资金供给方或者投资者。金融中介结构（一般是银行），以相对低利率吸收投资者的存款，以相对高利率发放贷款给资金需求方（一般是企业）。金融中介机构获得息差收益，投资者获得固定、可预期的投资收益，资金需求方则得到相对低廉的资金来源。

这里面最大的交易风险是来自资金需求方的违约风险，换言之，金融中介机构需要确认企业是否具备偿债能力，这一般通过抵押物来实现。抵押物的不同设计，为拥有不同资产组合的企业提供了多种多样的合约选择，并形成了缤纷多彩的固定收益市场。

第一类是不动产。这类抵押物在企业不直接产生现金流，但在市场上有较为公允的价格，最终可以在市场上交易获利。企业以房产、土地、固定资产等作为抵押，申请一次性融资或者循环贷款（一次性授信、多次提款、逐笔归还、循环使用）。

不动产抵押的另一种方式是大型重资产的设备。很多资产密集型的大型制造企业还可以用大型设备或厂房来融资，这就是通常说的"化重（资产）为轻（资产）"，通常操作方式是融资租赁和出售回租，区别在于前者是企业最终获得所有权，后者是金融租赁公司获得所有权。这有助于把一次性巨大现金流支出的"所有权"购买转化成多次、分期、少量现金流支出的"使用权"购买。

此外，知识产权，如版权、专利、商标等，也可以作为抵押物，但一般需要独立第三方估值。在我国目前还处于起步阶段，贷款额度很多时候不超过评估值的30%，因此较少企业采用。

第二类是流动性资产。这一般包括应收账款融资、存货融资、融通仓融资、仓单融资等。由于这些流动性资产有较为确定的现金流产生，因此，金融中介机构也接受。

如果企业缺少以上的不动产和流动性资产，那么还可以选择第三类——信用，而且是其他企业的信用。一般包括商业汇票融资、联保贷款、联保基金贷款等。这里面，商业汇票是单方面的信用担保，即付款人（可以选择跟企业关系密切的合作伙伴）承认到期将无条件地支付汇票金额；而联保贷款和联保基金贷款则是多个企业之间相互担保，区别只是前者的担保主体是企业自身，后者的担保主体是由它们组成的联保基金。

第四类是股权质押，比较特殊，因为这类贷款的主体不是企业，而是以上市公司的股东为主。具体操作方式是：有限责任公司和股份有限公司的股东，以自己持有的并拥有处置权的股权作抵押，以获得资金。

必须指出，以上的抵押贷款合约一般存在于资金需求方和金融中介机构之间，不能公开交易。而如果抵押贷款作为标的变成债券和有价证券，可以在公开市场上交易，就变成了公司债、企业债、中期票据、集合债券、短期融资券等。债券、有价证券跟贷款的区别有两点：第一，贷款主要是通过银行，债券和有价证券主要是通过证券市场和银行间债券市场；第二，贷款不可公开交易，而债券和有价证券可公开交易。

固定收益的回报率，或者说利率，一般跟期限、是否可赎回、流动性、风险水平等有关。例如，活期存款一般利率较低，而偿还风险较大、现在属于违法或者法律灰色地带的民间借贷（所谓的"地下钱庄"）利率就很高，这是对风险补偿的自然结果。

第二类：剩余收益回报

由投资者获得剩余收益的金融工具并不多见。这不难理解，毕竟，一般来说，项目的价值大小在很大程度上取决于企业（资金需求方）而非投资者（资金供给方），如果要企业把剩余收益完全让渡于投资者，则企业会不投入，以至于剩余收益很小，不值得投资者投资。

那么，有可能存在剩余收益回报的金融工具只能存在于投资者能做大剩余收益，而企业做大剩余收益空间不大的环节，这就是广泛存在的 BT、BOT 项目。

比如高速公路，建设环节需要的资源能力和运营环节完全不同，因此这两个环节完全可以分解为两个不同的公司来承担。工程公司把项目建设（Build）好了之后，把项目卖（或者叫转交（Transfer））给运营公司，获得一次性项目收益，而运营公司作为投资者则获得这个项目的剩余收益。这种收益权的转让是剩余收益回报的一个典型例子。此外，房产租金融资（Reits）、碳排放权融资等一般也属于剩余收益回报。

当然，并非所有的收益权转让都是剩余收益，这要看具体的合约设计。事实上，企业也可以转让部分收益权，例如连锁店 20% 的销售额，这就转化成分成收益回报了。而像产权式酒店有保底的分成收益则是"固定或分成"的组合模式。

第三类：分成收益回报

所谓分成收益，具体到股份公司，一般指的是股权投资。例如，风险投资投资 2000 万元获得 A 公司比例为 20% 的股份，就拥有了 A 公司 20% 的控制权和剩余收益索取权，事实上就是一种分成收益。

分成收益的本质在于风险共担、利益共享。投资者所承担风险和分享利益的大小决定了投资者是"用脚投票"还是"用手投票"。

如果投资者的股份比例较大，以至于足以进入董事会，则企业的收益表现将极大地影响投资者的财务状况，这时候，投资者有意愿（利益关系巨大）也有能力（在董事会占有席位）"用手投票"，去提升企业的盈利状况。例如，私募股权融资（未上市公司）、定向增发（上市公司）、Pre-IPO 融资（拟上市公司）等，都属于这种类型。

作为资金需求方的企业，对这类投资者也会有较高的期望，会要求投资者有一定资源的投入，例如产业链上下游的客户资源、银行贷款渠道、智力资源、品牌支持等。"用手投票"的投资机构一般都能满足这种期望：较深厚的产业投资经验、广泛的资源、对企业运营有较深刻的理解。这些都可能为被投资企业的盈利状况带来积极的影响。

股份比例很小的投资者，例如二级市场的散户，则直接会根据企业的业绩考虑买进或者卖出股票。企业通过公开发行股票融资，虽然分散了一部分收益，但也让很多投资者一起分担了风险。这部分散户投资者基本属于"用脚投票"。

值得指出的是，不管是剩余收益回报还是分成收益回报，都是基于企业未来收益，这跟可直接变卖的抵押物不同。因此风险更大，从预期收益来看，也将更大，这是对风险的补偿。

组合式金融工具

金融市场发达的标志是结构化金融产品体系的建立，而所谓结构化，就是以上金融工具的组合。

可以是固定或分成。比如可转债，投资者可以选择获得固定的利息收入或者转为分成的股权。

可以是固定加分成。比如可离债，就是同时购买了认股权证和公司债，而且可以分离交易。在股票价格高企的时候，投资者可以同时获得债权的固定收益和股权的分成收益。

这些组合式金融工具给投资者以保底的收益，为投资者在不同市场环境下提供了更多的、灵活的投资决策选择，有更高的安全投资边际，因此，其债权的利率较低，投资者用利率的代价获得了收益的保险。

其他的结构化金融产品也都是类似的组合，以此类推。

第 11 章

平台型商业模式

———

有些公司（如 Facebook）简直就是在烧钱，但为什么像比尔·盖茨和李嘉诚这样的聪明人，却舍得大把投钱给它们？2007 年这两位的慷慨投资，实际上是认可了还不赚钱的"Facebook"上百亿美元的估值！"Twitter"也不赚钱，估值也有 37 亿美元；"Groupon 团购网"拒绝了谷歌 60 亿美元的收购报价。为什么这些公司有这么高的估值？原来它们在创建一种"平台型商业模式"，其最大特点是能够让平台上的用户和商家之间、用户和用户之间，形成一种"正反馈"机制：各个利益相关方不仅相互依存，而且还能够相互加强！这样的商业模式一旦启动，便一骑绝尘，后来的竞争者很难打破。

11.1 平台型商业模式：正反馈性造就"多多益善"

在比尔·盖茨和李嘉诚投资 Facebook 三年之后，这家公司的估值据称已达到 1800 亿美元（据《华尔街日报》专栏作家希拉·奥伟德（Shira Ovide）），竟然和谷歌的市值一样！即便如此，到 2010 年 10 月，创始人扎克伯格仍然宣称公司还处在盈亏平衡的状态（香港《信报》报道其 2010 年收入预计为 20 亿美元）。

其他不可思议的公司，还有没有盈利的 Twitter，估值为 37 亿美元；2008 年年底成立的团购网 Groupon，拒绝了谷歌的收购，而报价居然高达 60 亿美元。为什么这些刚刚创业不久的公司，会被给出近乎天价的估值（这让那些在老牌传统行业混的人看不出个所以然）？

投资者如此看好这些公司，是因为它们有意或无意地在创建一种特别的商业模式："平台型商业模式"。所谓平台型，指的是在该商业模式中，除了焦点企业之外的利益相关者存在相互依存、相互加强的特征。一般来说，按照除焦点企业外参与利益相关者的多寡，平台型商业模式可分为双边平台和多边平台。顾名思义，单边平台指的是焦点企业连接的利益相关者只有一方，单边平台提供基础设施和服务选择包，例如航空港和飞机航班，利丰与其合作伙伴，都是单边平台。双边平台指的是除了焦点企业外，主要参与的利益相关者有两方，例如信用卡公司一边连接着消费用户，一边连接着商家，就是典型的双边平台。多边平台则参与方更多，例如手机平台，就涵盖了用户、商家、内容提供商、服务提供商等利益相关者。有些商业模式虽然也连接着多边利益相关者，但实际上相互之间并没有依存和加强的关系，这种只能称之为单边市场而不属于平台型商业模式。例如，有些百货店会从供应商进货，卖给社区居民，表面看起来也连接着供应商、社区居民两类利益相关者，但他们的交易是分离隔绝的，只能算是单边市场。

平台型各利益相关者之间相互依存、相互加强的特征一般被称为"正反馈性"，是这种商业模式的灵魂。这种正反馈性分为两种。

第一种是不同类利益相关者之间的正反馈性。以获取租金收益的家电连锁卖场为例，家电供应商越多，里面的家电种类和品牌越多，吸引到的消费者就越多；反过来，消费者越多，通过家电连锁卖场能够接触到的终端消费力就越强，自然吸引到的家电供应商也就越多。

　　由于多方利益相关者在需求弹性（如果一项商品提价1%，而需求量下降超过1%则称该商品富有弹性；需求量下降等于1%则称有单位弹性；需求量下降少于1%则称缺乏弹性）和供给弹性（如果一件商品降价1%，而供给量下降超过1%，则称该商品富有弹性，跟需求弹性类似，不再赘述）上可能存在互补性，那么在平台的盈利模式设计上就大有文章可做。绝大部分家电属于功能性产品，消费者对价格比较敏感（相信大家对以前家电的价格战还记忆犹新），需求弹性很大，产品一提价就会赶跑一群消费者，免费甚至稍微降价是更有吸引力的选择；而对家电供应商而言，供给弹性相对较小，只要有一定的盈利空间，只要消费者的规模足够大，稍微削价仍然可以接受，薄利多销是个行得通的策略。这也就解释了家电连锁卖场对消费者促销而对家电供应商收取各种费用的背后机理。然而，这个盈利模式成立的基础在于家电供应商可以获得合理的利润水平，如果家电连锁卖场进一步提高各种费用，使家电供应商无利可图从而集体叛变，那么没有一定规模家电供应商支撑的卖场将彻底失去对消费者的吸引力，相信这种多边平台的解体不是各利益相关者所愿意看到的。

　　平台型商业模式由于盈利模式设计欠妥而崩溃的大有人在，其中的一个经典案例就是曾经风靡互联网的263邮箱。在2002年之前，263免费邮箱可谓是执邮箱之牛耳，在用户中颇有口碑。现在很出名的几个邮箱中，163邮箱在当时只能算是第二梯队，QQ邮箱和Gmail邮箱则都还没上线。免费邮箱作为263门户当时吸引用户的一大卖点，为263门户网站贡献了大量流量和广告收入。然而，263门户在2002年初做了一个颠覆性的决定：对邮箱收费。263门户无疑低估了用户的需求弹性。在影响需求弹性的诸多因素中，其中一项就是提供可替代品的竞争对手。163邮箱反其道而行之，不但不收费，而且提高邮箱容量。一消一长之间，263 邮箱的用户几乎集体倒戈，163 邮箱适时上位，成为国内邮箱老大。而 263 门户由于用户规模缩小，对广告客户的吸引力也就下降，不同类利益相关者之间的正反馈性受到破坏，从而一蹶不振，无可奈何花落去。

　　第二种则是同类利益相关者内部的正反馈性。以即时通讯软件 QQ 为例，QQ 用户越多，用户间的交流越多，对新的用户的吸引力就越大。在即时通讯软件领域很少出现后发制人，就在于已经用了 QQ 的用户绝大部分的好友都是 QQ 用户，换到一个新的即时通讯软件需要一群朋友整体搬家，转换成本太大。

　　如果同类利益相关者内部的正反馈性足够大，平台对该类利益相关者的黏性就会很大，除非有颠覆性的破坏因素出现，否则出现大规模退场的可能性比较小。这也就为原来规模大的领导企业设立了竞争优势的势能，如果要打破领导企业的优势，最关键就是打破这种内部正反馈性。在 2001 年之前，中国移动在移动通信市场、中国电信在固话通信市场都是说一不二的老大，相比之下，所谓全业务的中国联通移动通信不如中国移动，固话通信打不过中国电信，很大的原因就是中国移动和中国电信在网内用户与中国联通用户通信的过程中设置较高的费用。尽管联通网内的资费较低，但是一涉及与电信和移动的通信资费就上扬，如果这种趋势延续下去，不但新用户会选择移动和电信，就是联通老用户也有可能转网，"强者恒强，弱者恒弱"的结果就是电信业形成垄断格局。以 2001 年 4 月 24 日信息产业部发布《公用电信网间互联管理规定》和《电信网间互联争议的解决办法》为起点，中国电信业掀起了互联互通的大潮，逐步降低网内和网间通信的差距，这才给中国联通、中国网通等新通信运营商留下了喘息的机会，并逐渐形成多个运营商相互竞争、相互制衡的现有格局。

当然，现在各个运营商在内部设立企业集群网、校园集群网等，月租费固定，网内通话免费，这又是一种新形式的保护内部正反馈性，对保留各自原有用户发挥了重要的作用。

这两种正反馈性的直接结果就是对参与者的态度是"多多益善"，特别在软件平台上，增加一个新用户或者一个新商家的边际交易成本基本为零，而增加新用户和新商家却可以带来可观的交易价值，这种"鸡生蛋、蛋生鸡"相互加强的循环使很多领导企业一旦启动就一骑绝尘，让后来者无从追赶。例如，I-mode为内容提供商设定了丰厚的回报：由内容提供商供应的内容，其盈利I-mode只抽取9%，剩下的91%归内容提供商所有。这样的结果就是内容提供商对I-mode趋之若鹜，而随着内容提供商数量的增多，用户也会越来越离不开I-mode。

平台型商业模式的正反馈性带来的一个结果就是捆绑销售普遍存在。例如，一个报纸的版面有很多，涵盖诸多内容如新闻、体育、娱乐、星座等，并不是所有的读者都需要这些版面，但是针对不同读者的需求设计定制化的报纸是成本极高的，而捆绑多个组件的边际成本平摊下来却几乎为零。提供全部选择的成本更低，吸引到的读者也更多。

如果平台吸引某类利益相关者的边际成本比较可观的话，那么就要设定门槛，以保持多边平台的双边正反馈性。例如，Shopping Mall并不直接从消费者身上盈利，但是由于出租的空间有限，选择优质商家就成了Shopping Mall的一项重要任务。只有优质商家多了，吸引到的优质客户才会更多，反过来会提升Shopping Mall对商家的吸引力，这为下一期的租金谈判奠定了基础。同样，即使第二家电影院出的租金比第一家更高，也很少有Shopping Mall会引进第二家电影院，这是因为提高商家的多样性可能会提升Shopping Mall对消费者的持久吸引力。

11.2　为什么选择平台型商业模式：生机盎然的生态系统

平台型商业模式之所以能够吸引到各方利益相关者的参与，无疑跟平台中各方交易价值、交易成本和风险有关。

对终端消费者而言，平台或者提供了多种差异化的选择，例如到国美、苏宁购买家电时，消费者能够同时接触到创维、格力、美的等厂家的电视、冰箱、洗衣机；或者提供了一站式整体解决方案，例如，I-mode 平台为手机用户提供了内容、通信运营、消费等一站式通信服务方案，一接入 I-mode 就接入海量的消费解决方案。这些，无疑将给消费者带来更高的交易价值。消费者越多，对平台的参与者交易价值也就更高。接入平台，就意味着接入海量的消费者，这就形成了双边正反馈性的滚动。

与单边市场相比，平台型商业模式能为参与各方降低搜寻交易者的成本，在统一平台规则的监督下，也有望降低讨价还价和执行的成本，从而大大降低交易成本。接入平台的商家分摊了多项服务，更容易积累起专业化竞争优势，跟由一个单一企业提供所有服务相比，长期看将降低相互之间的交易成本。

平台吸引到的利益相关者种类越多，规模越大，对平台的依赖性越强，则对单独某一个利益相关者的依赖性越弱，这就有限降低了交易风险，不至于出现"少了张屠夫，就要吃混毛猪"的尴尬局面。与单边市场相比，双边平台和多边平台抵抗风险的能力无疑更强。

平台型商业模式，在为各利益相关者提升交易价值、降低交易成本、控制交易风险的同时，也为处于平台中间的焦点企业更提供了莫大的价值，成就了一大批成功企业。苹果公司的 App Store 被誉为苹果发展史上最具有开创性意义的发明，正是平台型商业模式成功的典范。

　　在 App Store 推出之前，苹果公司一体化生产硬件、操作系统和应用软件，和微软领衔的 Wintel 联盟相比，可谓全封闭式系统（目前，苹果电脑占整个电脑市场的份额不到 5%，而 2007 年年初，苹果电脑也正式改名为苹果公司）。

　　以推出 iPod 为契机，苹果拉开了拥抱多边平台的序幕，第一个接入苹果平台的是唱片公司。苹果利用 iTunes 连接 iPod 用户和唱片公司，为前者提供高质量的正版音乐视听体验，为后者提供正版音乐的创新销售渠道。2007 年 8 月 1 日，苹果公司宣布通过 iTunes 下载的音乐已经跨过 30 亿首大关。而截止到 2009 年上半年，iPod 的销售量也已经突破了 2 亿台。

　　iPod 的成功只是苹果公司的小试牛刀，尝试到多边平台的甜头后，2007 年苹果公司推出 iPhone 时的商业模式设计就更加得心应手了。iPod 充其量是对内容提供商的开放多边平台，而 iPhone 则直接开放苹果公司的老本行——应用软件。

　　2008 年 3 月初，苹果公司对外发布了针对 iPhone 的应用开发包（SDK），供免费下载，以便第三方应用开发商开发针对 iPhone 的应用软件。同年 7 月，苹果 App Store 上线，平台上大部分应用价格低于 10 美元，并且有约 20% 的应用是供免费下载的。用户购买应用所支付的费用由苹果与应用开发商 3∶7 分成。到 2009 年底，苹果 App Store 上面的应用程序已经超过 10 万个，而累积下载量也超过了 30 亿次。苹果的多边平台又一次大获全胜。

　　不管是 iTunes 还是苹果 App Store，都大大提升了苹果产品的吸引力；而苹果产品每一次销量的突破，都为第三方应用开发商追随苹果的脚步提供了更为坚实的理由。事实上，很多独立软件开发商就此找到了软件销售变现现金流的渠道，因此出现了大量专门为苹果设计应用软件的公司，而随着这些应用软件公司的林立，相应地出现了培养这些软件人员的培训公司，以苹果公司为平台的多边平台参与者数不胜数，蔚为奇观，可谓"App Store 经济"。

11.3　平台的盈利模式：收支来源和计价方式

平台的盈利模式是个有趣的话题，首当其冲的问题就是，既然是平台，特别是身处平台中心的焦点企业，收费对象的选择就很多，即使面对同个收费对象，计价方式也很多样化，这就很考量焦点企业的智慧。

11.3.1　收支来源

收支来源包括两个问题：向谁收费，向谁付钱（或者补贴）。

收费对象的选择跟以下 4 个因素有关。

第一，谁更在意谁。一般情况下，如果甲方对乙方的吸引力大于乙方对甲方的吸引力，那么由于甲方的吸引力向乙方收费就是可行的。打个比方，广告客户需要关注度，需要观众的程度大于观众需要广告客户的程度，因此，电视节目向广告客户收费而对观众免费的盈利模式就更为普遍。跟眼球经济有关的多边平台都有类似的商业模式，当然，为了避免观众或者读者不关注广告，也可以设定一个很低的收费标准。例如，购买报纸往往需要低廉的费用，这些费用远远不能补偿报纸编辑和印刷的成本，但是，这让读者觉得物有所值，不会一拿过手就丢掉。

第二，谁所在的市场竞争更激烈。一般来说，如果甲方所在的是竞争性市场，而乙方所在是不充分竞争市场，那么由于乙方有超额利润，对乙方收费的阻力就比对甲方收费的阻力要小很多。Practice Fusion 公司的诊疗软件可以方便医生的工作，同时，医生积累下来的诊疗记录也可以为从事医学研究的医疗机构提供病患信息。医生所处市场的竞争性无疑大于医疗机构所处市场（医院是营利性市场竞争单位，而医疗研究机构一般是非营利性，有大量的社会资金补贴）。为此，Practice Fusion 公司采取了这样的商业模式：通过吸引大量的医生使用免费软件积累了一个日益增大的病患资料库，把匿名的病患资料（每份 50~500 美元）卖给医疗机构，预计能获得 2.5 亿美元的盈利。而如果采取传统的出售软件模式，盈利预计才 1 亿美元。通过精心设计收费对象，Practice Fusion 公司打开了盈利之门。

第三，谁的需求弹性更大。需求弹性大的对象一般要少收费或者免费。游戏机曾经是任天堂的天下，一边用收取高权利金和质量封条控制第三方游戏开发商为其开发新游戏，一边向玩家卖游戏和游戏机两边赚钱，由于当时是一家独大，成就非凡，从任天堂 FC（"红白机"）1983 年上市以来，称霸游戏界长达十余年，到 1996 年 1 月官方宣布终止 FC 时，其全球销量已经超过了 6000 万台。事实上，玩家和第三方游戏开发商的需求弹性是不同的，作为后起之秀的索尼正是从这一环打开了任天堂的整个盈利链条。索尼在增强视听效果的同时，宣布亏本销售游戏机，这下子吸引到了大量玩家，辅之以对第三方游戏开发商的一系列笼络措施，索尼后来居上，取得了比任天堂更加辉煌的战绩。从 1994 年上市至 2006 年 3 月下市，索尼 PS 累积销售 2000 万台。而 PS2 则更加辉煌，2000 年上市，9 年累积销售量达到 1.2 亿台，是唯一销售量过亿台的家用游戏机。

第四，向谁收费交易成本更低。每一种盈利模式都要消耗一定的交易成本，如果向某一方利益相关者收费的收益低于为此而付出的交易成本，那么这种盈利模式就不会存在。例如，大多数支付卡系统禁止商家向消费者收取额外费用，因为这会削弱支付卡多边平台对消费者的吸引力。然而，即使没有规定，也很少有商家会向分散的消费者收取额外费用。因为消费者是多笔小额消费，收取的费用很可能还弥补不了成本的支出。

向谁付钱（或者补贴）是另外一个问题。

　　为了维持平台对参与各方的吸引力，焦点企业在必要的时候不但不该收费，还要提供额外的增值服务。近年来，供应链金融模式风靡各种物流公司、通关服务提供商、银行等，就是这种思维的产物，UPS 的物流、信息流、资金流"三流合一"就是其中的佼佼者。

　　在与中小企业交易的过程中，UPS 在交易前了解客户经营状况的内部信息，在交易中能控制客户的抵押物，由于深刻理解各种货物的买卖双方，即使违约在交易后也能够方便变现抵押货物，有此三点，UPS 可以比银行节约几个点的风险成本。但是，UPS 本身并不从事融资业务，而是主要和银行合作，为银行推荐客户，并为其提供信用担保等风险控制服务，由银行提供贷款并赚取利差收益。

　　UPS 会做这种没有收益或者收益很低的生意，很大的原因是把解决资金流瓶颈作为一种增值服务，增加 UPS 对中小企业的吸引力，而物流订单的增多，才是 UPS 多边平台的根本。只有中小企业发展好了，它们对物流的需求才会更大，对 UPS 的黏性也会更强，UPS 的长期发展就有了群众基础。

　　另外一个例子是塞班、微软等操作系统供应商通过提供开发工具（SDK 开发包等）、组织研发会议、资金设备援助等方式投入大量有形无形资源扶持软件开发商，虽然也收取一定的费用，但这些费用最多只能和成本打平，甚至有些开发工具还是免费，等于是补贴。正是这些举措聚集起了一大批独立软件开发商，塞班、微软操作系统的可用性、用户友好性等才得到大大提高，而操作系统的热销无疑比软件开发工具的销售有价值得多。

11.3.2　定价方式

　　平台在定价方式上可谓多种多样：可以按照时间收费，中国移动 30M 的 GPRS 包月 5 块钱；可以对接入资格收费，要玩 PS2 的游戏，你不但要购买一台游戏机，还要购买每一款游戏，之后不限时间、地点任玩；可以按照订阅内容收费，RealNetworks 的数字内容即在此列；可以按照使用量收费，苹果的 iTunes 对每首歌曲收取 99 美分的下载费用；可以按照流量收费，深圳自来水公司对每户人家的收费标准是在定额标准 22 立方之内，每立方 1.9 元……

要是考虑到组合就更多了：I-mode 对用户同时收取月租费和流量费，有些网络游戏同时收取接入费、在线时间费、道具销售费、角色销售费等。

显然，每一种盈利模式都是有交易成本的。综合考量交易价值和交易成本的平衡，是选择哪种盈利模式的动因。

对接入资格收费只是一次过程，而对使用量、流量等收费，则需要对用户相应的行为给予追踪，而且保留相应的记录以备对账。这些业务流程都需要付出成本，只有交易价值的增加足以弥补这种成本，否则一次性的接入资格费就是更优的。

此外，用户的使用习惯是另外一个考量因素。例如，包月费或者按照流量设定的阶梯包月费为用户设定了一个可预期的账单；而如果按照流量收费，则用户需要对每一次的接入都斤斤计较，这会影响用户的体验，反过来抑制用户的消费欲望。当然，也许有一部分用户希望根据需求的差异缴纳相应的费用，基础业务低价或者免费，增值业务按照需求量收费。例如，针对不同的业务，I-mode 就同时存在数据流量费和包月订阅费。

对不同的用户采取不同定价方式也在平台型商业模式中普遍存在，这就是通常所谓的价格歧视。

有些平台对优质资源收取的费用较低。例如，索尼 PS 系列游戏机通常对畅销游戏收取较低的单位版税，以鼓励第三方游戏开发商设计更加优质的游戏。

有些平台对具有稀缺性的资源收取高费用，这是因为这些稀缺性资源提供了与对手相比更强的竞争优势。因此，赛事资源的独家播放权、王牌游戏的独家经营权往往更贵，但铁杆观众和玩家甘心为这种稀缺性资源额外买单。

互补性资源是另外一个价格歧视的战场。作为一个多边平台，I-mode的官方网站是对 I-mode 很好的互补性资源，更加优质的官方网站将使 I-mode 对用户的吸引力更大，因此，I-mode 定期召开会议，讨论对官方网站的选择。这种马拉松式的讨论有时候将持续两天，而被选择为官方网站的合作伙伴意味着享受 I-mode 更优质的配套服务。这种变相的价格歧视为 I-mode 的合伙伙伴队伍始终保持优质、I-mode 始终保持对用户强大吸引力立下了汗马功劳。

此外，微软的 Windows 操作系统往往对新用户购买和老用户升级收取不同的费用，这种价格歧视对培养客户忠诚度起到了一定的作用。

11.4 平台型商业模式的竞争与演化：以数字媒体平台为例

2009 年，*PC World* 总结了各大科技公司（以美国科技公司为主）的十大"最愚蠢失误"，其中 RealNetworks 拒绝 iPod 创意"光荣"上榜。这要从美国数字媒体平台的商业模式竞争说起。

1994 年 Progressive Networks 由原微软员工罗伯·格拉泽建立，翌年就推出了 RealAudio 播放器，之后推出 RealPlayer，1996 年 RealPlayer 的用户超过 30 亿，发展迅猛。后来改名为 RealNetworks 并于 1997 年 11 月公开上市。

RealNetworks 的成功归功于其构建平台型商业模式的策略。

首先，RealNetworks 向用户免费提供播放器。1996 年前后，正是互联网开始发端进而大力发展的重要阶段，用户通过网络可以很方便地下载到免费的播放器。曾有人问过 RealNetworks 的创始人罗伯·格拉泽："你做过最大的贡献是什么？"他的回答是："也许是免费提供 RealPlayer。"截至 1997

年，互联网上超过80%的流媒体音频文件均来自RealNetworks公司。

后来，RealNetworks对基本功能的播放器仍然免费，只对增强型功能收费，这部分收入的占比并不大，但是，这无心插柳的举措却无意中在业务低迷的2008年为RealNetworks提供了生存的资金，使之度过寒冬，这是后话了。

其次，RealNetworks精心培养了另外一边市场——内容提供商。RealNetworks提供了"从国情咨文的内容到麦当娜和米勒洛夫的音乐，还包括奥斯卡·梅耶的Wienermobile历史之旅等"（《西雅图邮讯报》原文）。这些内容提供商需要向RealNetworks购买服务软件的授权才能在RealPlayer上面发布音频和视频内容。据上市招股说明书披露，RealNetworks的收入中，78%来自对内容提供商的软件授权。

在成功吸引到海量播放器用户和内容提供商之后，RealNetworks进一步拓展其多边平台。据其1999年报公布，1998年，CNN、ESPN、ABC、Bloomberg、SportLine USA等成为RealNetworks的内容提供商；RealGuide为用户提供的现场广播和电视节目达到1700个；当年新增850个注册开发商，提供了超过2000个程序。更重要的是，美国在线、网景公司（曾经的网络浏览器老大）和许多个人电脑制造商在他们的产品上绑定了RealPlayer媒体播放器。内容提供商的拓展使RealPlayer对用户的吸引力进一步提高，RealNetworks于是加大了内容订阅的推广力度，这种努力得到了回报，2004年内容销售已经占到了公司总收入的70%，内容销售跟软件授权的占比跟1997年年底上市时相比刚好掉了个。这里面的视频销售、音乐销售和游戏销售分别占比50%、30%和20%。

用免费招揽大量用户，吸引大量的内容提供商，从而实现对内容提供商收费；在内容提供商达到一定数量后，作为多边平台，RealNetworks对用户的吸引力进一步提升，内容订阅成了可能的盈利点……"鸡生蛋、蛋生鸡"，在解决"先有鸡还是先有蛋"的问题上，RealNetworks 举重若轻。

按理说，RealNetworks 在内容提供商和用户两类利益相关者之间存在正反馈性，这种先发优势是不容易打破的，但 RealNetworks 在数字媒体平台领域的优势在 2005 年底几乎丧失殆尽。其时，后起之秀苹果的 iTunes 占据在线数字音乐的 82%，而 RealNetworks 却只有 1%，连前者的零头都达不到。原因很简单——苹果采取了完全不同的商业模式。

事实上，在推出 iPod + iTunes 之前，苹果在数字媒体平台上的耕耘已经超过 10 年。

1991 年 5 月，苹果的首款数字媒体软件 QuickTime 面世。苹果对这款媒体软件寄予厚望，为第三方开放了流媒体服务器软件的源代码，帮助他们利用 QuickTime 编写程序，同时尽力向开发商社团推销其数字媒体平台，但在 2001 年之前，QuickTime 并没有为苹果公司带来独立的利润来源。Quick-Time 更多的是作为苹果 Mac 操作系统一个很好的补充。操作系统拥有的功能越多，体验越好，操作系统（包括硬件的一体化）对用户的吸引力自然越大。而这种功能和体验的扩展所需要投入的边际成本又不大，何乐而不为？

这种靠软件和服务吸引用户从而拉动硬件和操作系统销售的盈利模式在苹果的 iPod 得到了延续，而 iPod + iTunes 的出现也解决了苹果数字媒体平台的独立盈利问题。iPod + iTunes 的商业模式在前文已有描述，在此不再重复。值得提出的一点是，虽然下载每首音乐需要 99 美分，但除去跟数字音源发行商的分账和运营成本外，苹果在 iTunes 的盈利可谓所剩无几。对苹果意义更大的收益在 iTunes 音乐下载对 iPod 销售的巨大拉动作用。2001 年苹果的市值不过才 80 亿美元，在 2001 年引入 iPod、2003 年建立 iTunes 数字音乐库之后，苹果才迎来了业绩上的大跃进，2005 年市值达到了 310 亿美元。

　　而在 iPhone 推出 App Store 之后，苹果公司的盈利领域开始真正扩展到增值服务。以 iTunes 为跳板，实现从硬件软件一体化、靠硬件盈利到构建平台型商业模式、硬件和服务组合盈利的华丽转身。iPhone 的推出，标志着苹果公司商业模式的彻底重构，资本市场的反应给这种重构以极大的肯定：2007 年 iPhone 上市至今，苹果的股价一路走高，已成为全球市值最高的企业，并在加 2012 年初一度突破 5000 亿美元。说 App Store 是苹果公司发展史上最伟大的发明毫不为过。

　　微软的 MediaPlayer 的定位跟苹果的 QuickTime 起步时是一样的，也是为 Windows 操作系统提供更多的卖点，然而，由于没有找到独立的盈利模式，MediaPlayer 作为 Windows 操作系统的附庸一直没有改变。也许对微软来说，Windows 操作系统、Office 办公软件和 xBox 游戏机的盈利已经足够大，前面的 IE 浏览器，现今的 MediaPlayer，作为阻击潜在竞争对手的武器和吸引用户的甜头已经足够，大力拓展的收益未必能够补偿因此带来的成本。一直坚守操作系统、办公软件、游戏机的微软，对 MediaPlayer 的更新步伐只是按部就班地跟随操作系统的节奏，并未列入发展战略的重点。

　　RealNetworks、苹果和微软在数字媒体平台上面的商业模式竞争值得玩味。

　　在基本的技术上，这三家并没有存在本质上的区别，后来盈利上的分野更多地来自商业模式的不同，证明商业模式创新的确往往比技术创新更为重要。但这种创新往往跟企业本身的资源能力有关系，存在一定程度的路径依赖，把全部原有资源能力推倒重来而获得巨大成功的伟大企业毕竟是少数。苹果的华丽转身之所以可行，在于一直以来拥有硬件设计的能力，而乔布斯本身又是对产品体验孜孜以求、追求"酷科技"的企业家，追求精品，追求体验，这种基因为 iPod、iPhone、iPad 一系列 iOS 产品的出现埋下了伏笔。

在这一节开始时提到的十大愚蠢公案缘由就是 RealNetworks 对 iPod 创意的拒绝：2000 年，美国技术工程师托尼·法德尔提出了基于硬盘存储的音乐播放器概念，并提出了与该播放器相配套的数字音乐下载解决方案。法德尔首先同美国数字媒体技术开发商 RealNetworks 联系，希望后者能采用他的方案，但遭到 RealNetworks 拒绝。在经过多次"碰壁"后，最终苹果看中了法德尔的硬盘播放器和数字音乐下载方案，从而成就了 iPod + iTunes 的神话。

成王败寇的评价未免失于公允。事实上，RealNetworks 一直以来都是多边软件平台的运营商，让它去涉足硬件，做 iPod 的事情不是说完全不可能，而是难度很大。即使那时候 RealNetworks 采纳了法德尔的方案，要是乔布斯盯上了，苹果照样可以后来居上。享誉世界的苹果视窗系统不就是模仿施乐并后来居上的吗？

比尔·盖茨知道在"酷科技"的发展上不如乔布斯，于是专心做大众的功能性市场，扬长避短，如今 Windows 操作系统和 Office 办公软件仍罕有匹敌者，和苹果占据体验的小众市场各得其所。2010 年第三季度，苹果公司的收入为 200.34 亿美元，同比增长 64%；净利润为 32.5 亿美元，同比增长近 50%。同期，微软收入为 162 亿美元，同比增长 25%；净利润为 40.1 亿美元，同比增长 35%。苹果的收入和市值更高，而微软的净利润更高，也算是各擅胜场。

发展到今天，同样是数字媒体平台，微软的 MediaPlayer 本身不盈利，而是为提升操作系统的盈利做贡献；RealNetworks 的 RealPlayer 盈利点来自内容订阅和服务软件的授权；而苹果盈利点更为广泛，音乐下载、软件分成、硬件销售，iTunes 已经成为整个 iOS 产品生态系统的总枢纽和司令部。

这几家公司在数字媒体平台以及拓展开来的软件平台甚至信息平台上的未来将如何演化和竞争，将是一个值得长期关注的有趣问题。

第12章

软一体化型商业模式

—

产业价值链是设计、生产以及销售产品或者服务所必须完成的一系列连续活动。如果产业价值链足够长，就产生一体化和专业化两种不同的价值链定位。而根据不同的价值链分类方法，一体化又存在横向一体化和纵向一体化之分，在新能源产业尤为明显。

太阳能光伏产业涉及的产业价值链非常长，这为不同企业不同程度的一体化选择提供了机遇。主流晶硅太阳能产业链如图12-1所示。

相应的太阳能光伏产业链各企业分别或同时从事原材料的加工、中间产品的加工制造与集成服务。根据计算，如果全面介入以上所有价值链环节，每10MW的投入需要1.5亿元以上，相应的1GW规模的投资达到150亿元。行业内领先厂商将自己的产能定位到了GW级，那需要近百亿的投资，这相比未来光伏市场需求增长空间与收益预期，具有很高的投资风险和成本。因此，太阳能业界比较普遍的价值链定位分为两种：专业化和局部纵向一体化。以下的分析，基于2008～2009年中国大陆的太阳能光伏产业发展历史，这同时也是值得太阳能发电企业铭记的一段历史。

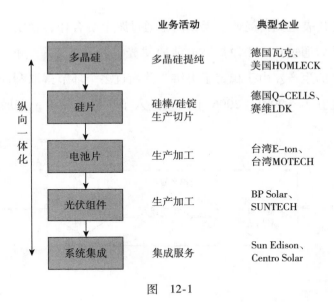

图　12-1

前者的代表是赛维 LDK，其董事长彭小峰曾说过："我们只做硅铸锭和切片，争取做成这个领域的老大。"

彭小峰的底气来自硅片切割环节的高毛利。由于生产中对切割厚度及破片率有较高的要求，拥有较高的技术门槛，因此硅片切割的毛利率为31% 左右。高毛利成就了赛维 LDK 的飞速发展，从 2005 年 7 月成立算起，到 2007 年 6 月成功登陆纽交所，赛维 LDK 用两年时间走完了很多企业几十年的路程（见图 12-2）。

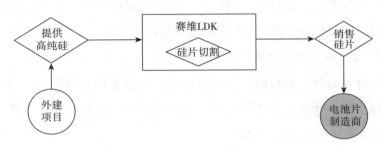

图　12-2

后者的代表是无锡尚德。无锡尚德通过跟上游合作，稳定多晶硅硅片的货源，然后通过技术手段提高电池的"光电转换效率"，并介入电池片和电池组件的生产。由于稳定了上游，并通过多个环节攫取利润率，无锡尚德刚成立五年（2001～2006 年）就进入了世界前三甲，发展迅猛（见图 12-3）。

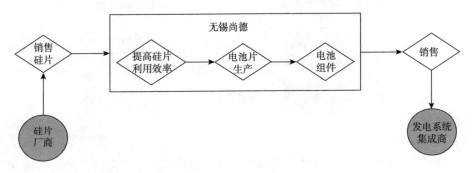

图   12-3

在新能源产业中的另一个行业——风力发电，则综合了横向和纵向的一体化。

如图 12-4 所示，一个风电场的价值链，涉及基础施工机位基础、升压站，塔架，输变电设备箱变、电缆，主设备风机、中央监控和工程安装等环节。而其中的主设备风机、中央监控又包括主轴承、铸件、结构件、电控和叶片至少五个主要环节。因此，不管是运营风电场还是提供风电设备整机，都要同时与多个同水平的价值链环节发生交易。

用图 12-5 的示意可以看得更加清晰。

以风电场为例，如果同时介入基础施工机位基础、升压站，塔架，输变电设备箱变、电缆，主设备风机、中央监控和工程安装等多个环节，则可以称该企业采取了横向一体化。

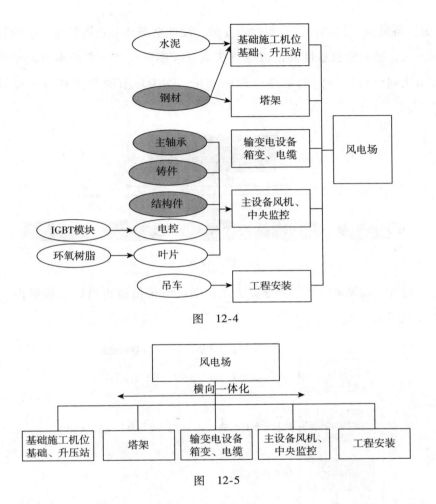

图　12-4

图　12-5

　　价值链还可以分得更细，事实上，由于风机设备比较复杂，在单个环节上就可能存在局部横向一体化。例如，某企业如果只介入主设备风机、中央监控环节，从风电场建设和运营的角度上，该企业选择了专业化，但是在这个具体价值链环节上，仍然有不同的价值链定位选择：同时选择主轴承、铸件、结构件、电控和叶片五个环节，做横向一体化（见图12-6）；或者只专注于铸件或者结构件，做专业化。

　　存在以上不同层次的横向一体化，其直接原因就是风电场和风电设备

（主设备风机）的结构一方面过于复杂，设计全部环节投资额大，运营管理幅度大，运营管控难度高，可能造成运营效率低；另一方面则得益于各个环节之间已形成一定的组件化和标准化，这为环节的分离和分工提供了机会。

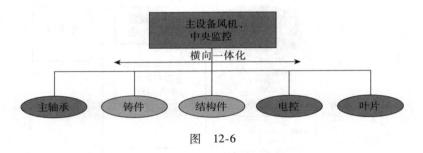

图　12-6

当然，如果采取另一种分类方法，则风电价值链也可以形成纵向的链条（见图12-7）。

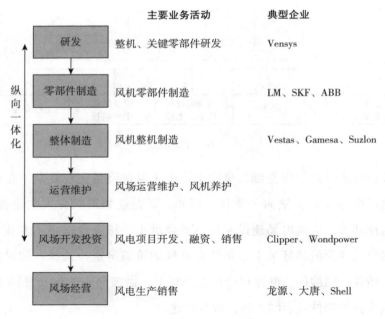

图　12-7

如果把上面的横向和纵向一体化画在一起（限于表现起来太复杂，这里就不画出来了），就成了整个风电行业的全产业链一体化。

不管是风电场的横向价值链还是太阳能光伏产业的纵向价值链，涉及的环节都足够多，环节之间的界面都相对标准化，环节各自相对组件化，这给价值链分解提供了充分条件；同时，风力发电和太阳能光伏都需要大量的资金投入，如果涉及全部环节，运营风险大，运营效率低，很难形成真正的竞争优势，价值链分解就成了必要的选择。既然价值链分解既是充分条件，又是必要条件，似乎专业化或者少数几个环节的一体化成为企业的唯一选择。然而，企业是否存在第三条路呢？

12.1　软纵向一体化：　BP Solar 的战略选择动因

在前文讲过，太阳能有两种主流的价值链定位：专业化和局部纵向一体化，但是，这两种商业模式在 2008 年前后都遭遇到了严重的考验。

2008 年第四财季，无锡尚德亏损 6590 万美元，合每股亏损 42 美分，如果扣除一次性项目不计，第四财季亏损 4240 万美元，合每股亏损 27 美分。尚德公司在当财季裁员 800 人，约占员工总数的 8%，并推后数个光伏项目的上马。据不完全统计，在金融危机的风雨飘摇中，国内当时有 80% 的太阳能企业倒闭。这一切的根源在于太阳能光伏价值链利益分配的不平衡。

据招商证券的研究报告，2004～2006 年下游电池生产企业的利润率从 20% 增长到 30%；而上游高纯硅制造企业的利润率，则由不到 10% 上升到 50%。原因是下游太阳能设备生产厂家的发展速度快，对高纯硅材的需求增加，而上游的高纯硅技术被少数厂家垄断，因而形成较大的利润空间。当时，全世界 95% 的高纯硅生产，被 8 家厂商所垄断。

　　资源垄断自然导致价格高企。2007 年底，多晶硅曾创出 400 美元/公斤的天价。2008 年，市场现货价格一度高达 450 美元/公斤。

　　这种高价格自然引发很多下游企业眼红，加上以无锡尚德、赛维 LDK 为首的企业上市之后资金充裕，上游多晶硅成了很多企业争夺的新战场。竞争拉低了多晶硅价格，在 2009 年初降到了 100～150 美元/公斤，该环节的毛利润率也从 300%～400% 下降到 100% 以下，很多原本期待在多晶硅项目上赚大钱的企业都失手了。

　　然而，更加严重的考验还在后面。中国国内的太阳能光伏的主要终端输出国是提倡环保的西班牙和德国。但是，当多晶硅价格被推至 400 美元/公斤高位时，太阳能发电在国内的每度成本价超过了 4 元，约是火电价的 10 倍，这远远超过了这两个国家的承受能力，需求大大压缩。以西班牙为例，2008 年的新安装量为 2500 兆瓦，而 2009 年却不到 500 兆瓦。这对国外市场依存度超过 90% 的中国太阳能企业来说，无疑是灭顶之灾。

　　前几年，由于多晶硅的价格一直处于上行渠道，很多企业纷纷上马多晶硅生产项目，并囤积原料，中下游企业则签订远期合约，锁定未来价格。但 2008 年下半年多晶硅价格直线下降，之前的项目产能开始释放，原料价格却转为巨额的成本，同时面临需求的大幅度下降，从上游成本到下游收益的时间差打了中国太阳能企业一个措手不及。金融危机更让这种困境雪上加霜。

　　当然，这种长链条的价值链就存在周期性。因此，2009 年下半年，太阳能迎来了恢复的曙光。

　　首先是多晶硅价格下降传导到终端的发电成本下降。之前为了争夺市场而扩大的产能正在逐渐释放，太阳能电池发电每度成本有望降至 1 元/度～1.5 元/度，与火电成本进一步靠近。

　　其次是另外两个大国的需求上升。奥巴马上台后多次表示，未来 10 年美国将投入 1500 亿美元开发新能源，太阳能将成为其中非常重要的一环。这样将至少释放出相当于目前全球装机 20 倍的需求规模。而日本也提出，要在 2020 年将日本太阳能电池的全球生产份额从目前的 1/4 提高到 1/3 以上。

太阳能产业原材料价格下降，上游产能过剩，下游需求正在激发，有供不应求之势，整个行业巨大的投资额集中在上游和中游。2008 年，BP Solar 正是在这种背景下启动了其软一体化重构。

BP Solar 通过组织全球优势资源，寻求从原材料、生产制造到营销服务全过程的最优资源组合和一体化协同，构建具有成本优势、品质稳定、营销高效的组件生产制造服务体系（见图 12-8）。

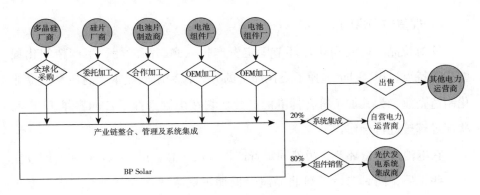

图　12-8

BP Solar 采取这样的价值链定位并不令人意外。整个太阳能光伏产业链投资额大，2008 年的动荡证明其需求不确定性大，采取全产业链的合作方式不但投资难度大，而且风险也大。从风险管理的角度看不适宜采取纵向一体化。

然而，如果只是专注于一个环节，又有可能在与上游企业合作时碰到机会主义威胁付出高成本，在与下游太阳能销售渠道合作时同样因为机会主义威胁而得不到高的补偿，从这个角度上，专注于一个环节不管从交易价值还是从交易成本看也不合算。

如果能够通过半松散型的合作方式，使 BP Solar 与合作伙伴建立一种高于一般市场交易又低于内部层级管理的关系，则有可能在降低交易成本和风险的同时，提升交易价值，并最终提高 BP Solar 的企业价值。我们不妨看看在各个环节上，BP Solar 是如何跟合作伙伴合作的。

1. 签订后续合同

由于多晶硅生产具有固定资产投入大、电力消耗大以及技术密集等特点，因此 BP Solar 并没有选择进入，而是采取全球采购、与国际知名企业长单锁定的方式控制资源，凭借最低 45 美元/公斤的价格优势获得供应链端的大量收益。

2. 现货市场合同

针对拉晶、铸锭和切片环节固定资产投入高、高能耗、生产精细化程度高等特点，BP Solar 选择了委托加工的方式，利用低成本、高质量的专业化制造企业，为其加工符合标准的硅片。它在中国选择了江西赛维 LDK 和浙江昱辉等进行合作。

在电池片制造环节，虽然固定资产投入也很高，但 BP Solar 在前期设立了一些工厂，同时选择了河北晶澳等低加工成本伙伴为其进行加工，逐步停止自有工厂的生产。2009 年 3 月 31 日，BP Solar 正式宣布将永久关闭在西班牙马德里的电池片和组件工厂，同时宣布关闭的还有在美国弗雷德里克的组件工厂。

3. 签订关联合同

对于固定资产投入低、品牌效应大的电池组件环节，BP Solar 采取了设立合资企业加工与 OEM 相结合的方式。其中，合资企业合作伙伴为特变新能源股份有限公司，OEM 合作伙伴则选择了台湾茂迪等企业，最后合资企业名为碧辟佳阳太阳能有限公司。生产出来的电池组件，80% 卖给光伏发电系统集成商，20% 自用做系统集成，集成后一部分卖给其他电力运营商，一部分进入自营的电力运营商。

在系统集成领域，BP Solar 同时进行组件的销售和集成业务的承揽，以优质高效组件为载体，把它的品牌理念传导到每一个客户。BP Solar 的组件有 20% 由自己销售或供自己的系统集成业务使用，80% 选择代理商进行销售，并在应用市场上坚持推行自己的认证安装方案（certified installer programme)，以确保代理商安装的安全性和质量。此举已经在德国成功应用，并逐步扩展到了西班牙和澳大利亚。

在渠道选择上，BP Solar 则是利用了欧洲各国的顶级代理商，保障了哪怕是市场最低迷时期的定量销售。在某种意义上，BP Solar 的组件其实就是品牌的载体，利用品牌卖组件，再用优质的组件宣传品牌，两者互相支持。此举也满足了目前太阳能光伏市场在进入时产品为先的要求。

目前，BP Solar 主要业务收入来自组件销售系统集成服务收入。然而，随着光伏产品成本降低，需求渐增的市场机会到来，系统集成业务市场将逐步扩大，这将促使 BP Solar 业务系统实现多点盈利。现有的盈利模式将实现从短期到长期的可进化，短期在供不应求的市场环境下通过销售组件占领市场份额，提升品牌影响力。长期来看，随着行业逐渐成熟，系统集成业务的经验和技术优势将凸显出来，组件产品利润的削减将通过系统集成服务业务增长来弥补，并且实现公司盈利模式低成本、低风险的升级切换。

相对产业链其他环节，组件制造环节具有较低固定资产投入的优势。同时 BP Solar 的经营厂房采取租赁方式，降低非流动资产的投入。生产经营现金流结构实行全球统一的供销匹配的信用期，以较少的现金投入撬动企业高效运转。

这种软一体化在现金流的效率上体现无遗。BP Solar 的现金收入主要是组件销售收入、系统集成服务收入，现金支付主要是硅材料、委托加工、物流成本以及组件生产过程的制造成本支出，固定资产周转数达到 15 次以上。

2009 年，在全球一片减产呼声中，BP Solar 却比 2008 年增长一倍。2012 年其新增装机量将达到 18GW，2010 年后每年将以 40%~50% 的速度保持迅猛增长。

12.2 软全产业链一体化： 金风科技的商业模式进化

从纵向价值链看，主流的风电价值链定位方式有三种：专注型、贯穿型和整合型，实质上都是不同程度的纵向一体化（见图 12-9）。

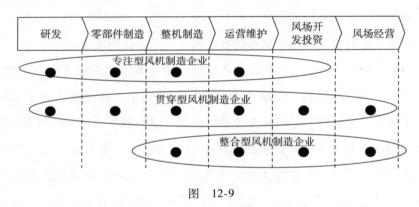

图　12-9

专注型的典型是全球最大的风机制造商丹麦的 Vestas（见图 12-10）。

在研发环节，Vestas 拥有两个研发中心和多达 700 人的庞大研发团队；同时，利用欧洲丰富的研发资源，与独立研发机构和学校院所合作，保持在行业内的技术领先优势。

在零部件制造环节，Vestas 进行了一体化整合，对具备能力的关键零部件叶片、电控、机舱采用了自己直接生产的方式，对专业化程度高、标准化程度低、掌握难度大的零部件，如发电机、齿轮箱等，采用与供应商建立战略合作伙伴关系的形式获得稳定的供应。

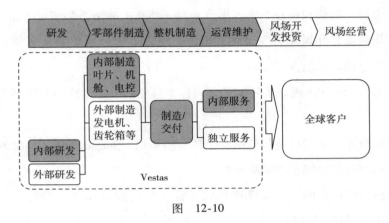

图　12-10

在研发和零部件供应的基础上，由 Vestas 分布在全球主要风能市场的
装配厂完成主机装配和现场交付。

Vestas 机组的质保期一般为 2～5 年，在质保期内向客户提供条款内的
免费维护。在质保期外，Vestas 的运营维护部门联合外部独立服务提供商，
向全球客户提供风机运营维护、优化改进服务。

贯穿型的典型是印度的 Suzlon（见图 12-11）。

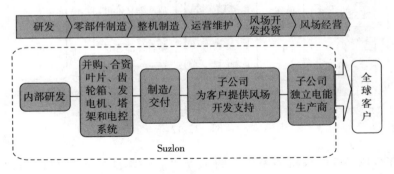

图　12-11

在研发方面，Suzlon 在全球风电技术的发展中心丹麦和德国建立了研发
中心，保持技术的国际同步。

在零部件制造方面，Suzlon 通过并购、合资的形式，控制了叶片、齿轮箱、发电机、塔架和电控系统，形成垂直一体化的战略态势和业务布局。

在运营维护和风场开发方面，Suzlon 成立了子公司负责从事该部分业务，为客户提供风场开发支持。

此外，Suzlon 还成立了一家子公司作为独立的电能生产商从事风场经营业务。

通过贯穿在风能行业价值链各个环节的布局，Suzlon 实现了向客户提供从开始到结束的风能全面解决方案。

跟前面两者不同，金风科技采取了整合型的商业模式，实质上是软纵向一体化（见图 12-12）。

在研发环节，金风科技专注于整机设计工作，同时充分利用全球先进的研发资源，为关键零部件和整机制造提供技术支持，为供应链体系奠定合作基础。

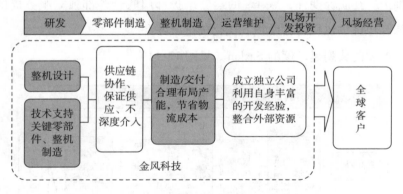

图   12-12

在金风科技的战略体系中，明确提出了不深度介入零部件制造环节，通过为供应商提供协作平台、开展密切技术合作，保持稳定的生产供应。

在整机制造环节，金风科技围绕国内主要风电市场合理布局产能，以获得更经济的物流运输成本。

在运营维护环节，金风科技在原有客户服务的基础上成立相对独立的公司，开展风场运营维护业务。

在风场开发环节，金风科技利用对风场前期开发的丰富经验，拟通过整合外部资本资源开展风场开发投资业务。

通过除零部件制造环节外的风能行业价值链布局，金风科技打造实现向客户提供系统解决方案的综合风机制造商定位。

在盈利方面，金风科技事实上已经形成了技术授权、风机整机销售、风电场运营和销售的立体化盈利模式。在发展早期，风机的整机销售占据较大比例，随着金风科技技术的演进和风电场运营经验的积累，技术授权、风电场运营和销售的占比将会进一步提升。

这几年，风电行业在中国竞争越来越激烈。为了跟供应商结成更为紧密的联系，金风科技有选择地进入原材料市场，成为其零部件供应商的上游，更进一步地加强与供应商的合作。

而在风电场的建设和整机组装环节上，金风科技表现出了明显的软横向一体化（见图 12-13）。

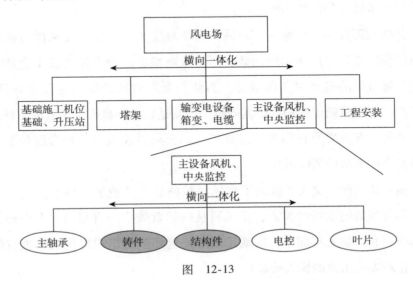

图 12-13

在与这些零部件供应商合作的过程中，金风科技根据不同的技术阶段和市场环境，采取了多样化的、灵活的合作方式。

1. 现货市场合同

针对市场上不稀缺、技术上不复杂的零部件，金风科技主要提供技术参数要求，由合作伙伴按照参数要求提供市场竞争性价格的产品。

对于设计上有附加值，在生产上成本又比较低，可供选择的供应商数量较多的零部件，金风科技自行研发设计，然后委托供应商生产。

2. 签订后续合同

某些零部件市场上并没有现货，要根据新风机的机型设计生产。这种情况下，金风科技大多采取合作研发，双方共同拥有技术产权，而对方则优先进入生产制造的供应商名单。

3. 签订关联合同

如果在关键技术上存在壁垒、不能外泄的情况下，金风科技则采取阶段性合作生产的方式，具体方式是先在供应商处生产通用的环节，然后再把关键环节转回到内部车间生产。

某些大部件如果异地生产的话，物流难度太大；如果要求供应商跟着金风的供应链建立厂房生产的话，则供应商担心这种专用性投资会造成被锁定，被金风的机会主义所威胁。为此，金风科技帮助供应商建好厂房，然后把厂房租赁给供应商，供其安排生产制造，从而赢得了后者的信任。

此外，在重要原材料和关键部件上，金风科技也适当地参股控股，以保持整个产业链的风险可控。

横向和纵向一交叉，就成了金风科技的软全产业链一体化。由于避开了零部件制造的重资产投入，金风科技的运营效率一直很高，上市前销售额和净利润连续七年翻番，这就是用对关键环节的组织取代实体拥有的软一体化所表现出来的惊人效益！

12.3　软一体化的资源能力要求

软一体化意味着企业在实体上专业化管理，在虚拟控制上一体化运营，表面看起来做的事情比较少，能实现的控制力比较大，能够以较少的投入撬动较多的资源，花小钱办大事，有百利而无一害，这应该是所有企业家追求的最高境界。

然而，事实上，这种商业模式对企业资源能力的要求也更高。如果没有这些资源能力或者资源能力的水平不够，软一体化就只是一个可望而不可即的梦想。

总体而言，软一体化要求企业具备以下关键资源能力：

一是环节组件化。产业价值链环节之间必须能相对独立，这才有分开到不同的企业主体去完成的可能，这才能出现外包、外协等。环节的组件化，一方面保证了垂直一体化和一体化协同商业模式出现的可能，另一方面，也保证各个环节都可以因此做大、做专、做强，享受专业化的企业价值。如何分解产业链环节，既吸引到合作伙伴，使他们有足够的利益驱动做专业化，又使自己产业链运营的效益达到最大化，这是产业链一体化协同需要具备的第一个关键资源能力。

二是界面标准化。产业链之所以成为一个链条，前一环节对后一环节有很大的影响力，假如不能解决兼容性的问题，产业链的一体化就无从说起。特别是当同一环节交给很多合作伙伴的时候，这个问题尤为突出。因此，不管是做垂直一体化还是产业链一体化协同，界面标准化的重要性均不言而喻。而由于垂直一体化发生在企业内部，一体化协同发生在企业外部，界面标准化就显得尤为重要。

三是供应链管理与物流整合能力。不管是 BP Solar 的全球产业价值链整合，还是金风科技的软全产业链一体化，都涉及不同区域不同企业之间的资源流动，如何组织研发、生产、销售、服务等职能，使软一体化成为产业价值链协同增值的助力而非阻力，这一点非有强大的供应链管理与物流整合能力不能达到。

虽然"路漫漫其修远兮"，软一体化并不是一件简单的事情，但是，BP Solar 超过每年 15 次的固定资产周转数，金风科技连续 7 年销售额和净利润翻番的业绩均表明，如果企业的资源能力足以支撑这样的体系，那么市场将会证明，为此而调整商业模式绝对值得！

附录 12A

一体化的战略动因分析

从斯密开始，专业化分工能够提高企业的运营效率、形成竞争优势的理论逐渐得到强化，然而，的确存在很多企业从事超过一个业务活动，而且形成了可观的竞争优势的情况，这种一体化的选择背后存在深刻的战略动因。

企业价值的大小受到三方面因素的影响，每个因素都从不同侧面影响了企业最终是否选择进行一体化。

第一个因素是交易价值。从资源、能力的角度来说，任何企业都存在自己的短板和长项，因此大包大揽有时候在效率上并不是最合适的选择，企业的边界受到其自身资源能力的约束。

例如，海尔是一个卓越的家电制造企业，而苏宁，作为全国性的家电连锁卖场，在家电销售上拥有海尔无法比拟的优势。因此，海尔在还没有建立起销售的资源、能力之前，选择和苏宁合作，从而专注于制造环节，与自建渠道相比，可能是交易价值更大的一种做法。

第二个因素是交易成本。交易成本主要来自于机会主义威胁，机会主义威胁主要来自两方面：专用性投资和不确定性。

专用性投资指的是一项投资在特定交易中的价值远远超过在其他可选交易中的价值。例如，电信运营商为某工业园建设通信网络，为此，电信运营商必须挖管道、布置光缆，但这些管道和光缆一旦建成，如果不为工业园服务，其价值就是大打折扣的，我们就可以称电信运营商为这项交易做了专用性投资。

当然，如果预见到工业园有可能在管道、光缆建成之后在下期谈判中要求电信运营商降价的话，可能电信运营商在刚开始时就要高价，并在条款中注明在下期中获得优先合作的资格等。但是，要预见到合作伙伴全部可能的反应，即使不是不可能，至少也是成本高昂的，这种不确定性也为合作带来了机会主义的威胁。

如果这两方面的机会主义威胁足够大，那么企业就有可能选择一体化的决策。反之，非一体化的选择则可能更为合理。

例如，为了和苏宁合作，海尔必须投入建设跟苏宁对接的 ERP 系统，这些系统跟苏宁合作的价值大于其他场合应用的价值，因此，可以看成是海尔对与苏宁合作的专用性投资。但这些投资可能招致苏宁的机会主义行为，而海尔也很难对这种机会主义做全面的预测，这种不确定性同样会带来交易成本。如果这种交易成本足够大，以致抵消了上文提到的合作带来的交易价值的话，海尔就有可能自建渠道，选择生产和销售的纵向一体化。

第三个因素则是风险。一项投资的未来收益，存在很大的不确定性。例如，某主要做外单销售的企业扩大了产能，却遇上了金融危机，出口需求缩减，这种外来风险如果处理不好，就有可能使企业处于被动，甚至招致破产的灭顶之灾。

如果企业的需求波动性很大，那么企业就会希望保持一定的弹性，选择一体化程度较低的定位。

例如，生物医药的研发存在高度的不确定性，因此，很多大企业就采取同时发展与多个小生物企业的战略联盟关系，而非采取纵向一体化。这样，东方不亮西方亮，只要联盟里的小企业有一定的成功比例，这些大企业就可以采取收购或者其他更深层次的合作方式，从而既降低了风险，又能使可能的收益最大化。

即使处于同样的价值链环节，企业在以下三方面也会存在很大的差异性。

第一方面的差异来自交易前对不确定性、复杂性、机会主义等的分析。对同个市场，某个企业可能觉得交易的不确定性和复杂性都很高，而另一个企业可能觉得交易是明确和简单的。例如，同样从事航空业，西南航空在航油的套期保值交易上的分析水平就远远超过竞争对手，从而实现了连续 30 余年盈利的神话，而其他的航空公司，只要是做航油交易的，几乎都亏本，这就是在航油价格不确定性上分析能力的差异。

第二方面的差异来自交易中对管理机制的构思和执行。这可能源自不同的文化背景、不同的企业经验，或者对技术路线的路径依赖。例如，同样运营 3G，搁置其他的差异不说，最先进入无线市场的中国移动对无线网络的运营和用户基础的积累，自然会让其在运营 3G 中占据先机；而其上下游利益相关者在选择合作伙伴时，不可能忽视这一点。而与产品市场外资企业入侵势如破竹不同，很多互联网外企在进军中国市场时，都招致不同程度的失败，这可能就要归结为文化背景的不同了。毕竟，与产品市场相比，互联网这种服务市场背后受文化的影响更重要，因此，即使是同样的商业模式和战略，对中国文化理解更深刻的本土互联网企业更有先天优势。

第三方面的差异则来自整个交易过程的机会主义倾向。一般来说，知名品牌企业采取机会主义行为的倾向就较低，因为如果被披露出来，损失较为惨重。而在某个区域市场经常进行交易的"坐商"就比走街串巷的"行商"更不倾向于采取机会主义倾向。当然，历史上的交易行为也会多少预示企业的未来机会主义倾向，这也是淘宝上设置交易信用机制的主要原因。

这三方面的差异形成了企业的异质，这种异质最终导致不同的交易价值、交易成本、风险分配，并形成了缤纷多彩的交易结构。因此，同个行业中，会同时出现专业化、局部一体化、全一体化等不同价值链定位选择。

如果企业不选择全一体化，则意味着要与不同价值链环节上的企业结成一定的合作关系，这种关系可能是纯市场关系，也有可能是控股子公司的偏内部层级管理关系，当然，还有可能介于这两者之间，例如现货市场合同、完整的或有索赔权的合同、签订后续合同和签订关联合同等，当然，每一种合作方式都有其适用的条件。

现货市场合同是纯粹的市场关系，由交易双方规定买卖产品或者服务的数量、质量、价格和交易时间等的简单协议。一般来说，如果市场上存在大量同质的一类利益相关者，产品或服务的价格比较容易确定的话，就比较适合采取现货市场合同。这种例子很多，农产品交易、股票交易等都是。

完整的或有索赔权的合同明确了交易双方所有可能的未来状态，并规定了在这些状态下如何进行交易。如果交易双方在市场上的数量有限，但是其未来状态比较容易确定，取证的难度较低，则完整的或有索赔权的合同就是合理的。像很多电子产品都有规定包修、包换等服务，就是给不确定产品质量的消费者一个完整的包括索赔权的合同，促进双方的交易。

签订后续合同是全面完整的或有索赔权的合同的一种变体，增加了时间的限度，例如，企业在合作中经常规定合同的有效期，并约定在合同期满时可能的选择，或者终止合同，或者有优先选择权等。签订后续合同由于限定了合作的期限，又为将来的合作埋下了伏笔，可以为交易各方降低预测未来的难度，并有效降低机会主义倾向，但是，这种合同有可能造成边干边学，由于路径依赖，收窄后续合作伙伴的选择面。

签订关联合同则主要基于企业之间的信任关系和广泛的合作关系。可能在单个合同来看是不完善的，但由于交易双方有广泛、长期的合作关系，机会主义倾向较低，遇到不确定性也可以很好地协商，这就能够有效地规避风险，降低双方的交易成本（见图 12-14）。

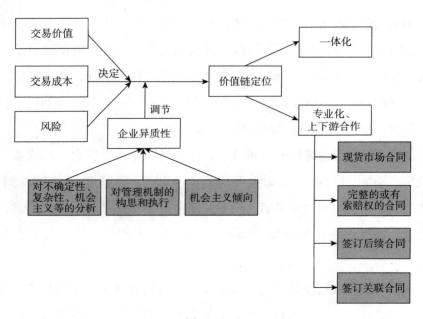

图　12-14

参 考 文 献

[1] 魏炜，朱武祥．发现商业模式 [M]．北京：机械工业出版社，2009.

[2] 魏炜，朱武祥．重构商业模式 [M]．北京：机械工业出版社，2010.

[3] 魏炜，林桂平，朱武祥．可以突变的商业模式 [J]．创富志，2011（1）.

[4] 魏炜．高妙商业模式的六种武器 [J]．中欧商业评论，2010（10）.

[5] 魏炜．新能源产业的"软一体化" [J]．北大商业评论，2011（2）.

[6] 汉斯曼．企业所有权论 [M]．于静，译．北京：中国政法大学出版
社，2001.

[7] 贝赞可，德雷诺夫，尚利．公司战略经济学 [M]．武亚军，等译．北
京：北京大学出版社，1999.

魏朱商业模式系列

ISBN：978-7-111-74722-2

ISBN：978-7-111-74715-4

ISBN：978-7-111-74693-5

ISBN：978-7-111-74692-8

ISBN：978-7-111-74909-7

ISBN：978-7-111-74677-5